Saggi

PHILIPPE DAVERIO

Come san Francesco inventò l'arte moderna

E altre storie della pittura da Giotto a Rembrandt

SOLFERINO

SOLFERINO

www.solferinolibri.it

Published by arrangement with
The Italian Literary Agency

ISBN 978-88-282-1730-5
Prima edizione: settembre 2025

Progettazione, art direction e realizzazione editoriale:
Studio Dispari – Milano

Prefazione

di Roberta Scorranese

A quasi cinque anni dalla morte, la «voce» di Philippe Daverio continua a ipnotizzarci attraverso le storie che ha raccontato per una vita intera, pazientemente conservate e curate da Elena Gregori Daverio. E il libro che state per leggere nasce proprio da quella inesausta vena narrativa che ha caratterizzato il grande critico d'arte e divulgatore e in particolare dai testi per la sua trasmissione televisiva di grande successo *Passepartout.* Da Giotto a Rembrandt passando per Piero della Francesca e Parmigianino: questo volume (come gli altri di Daverio) assomiglia a una frizzante passeggiata nella bellezza, corredata da aneddoti, battute fulminanti, profondità critica mai disgiunta da una sottile ironia. Qui, per esempio, troverete espressioni come «il Quattrocento è una vera e propria macedonia estetica».

Ma il successo di Daverio e il consenso trasversale intorno alla sua opera si devono anche alla sua vena provocatoria. E così il titolo di questo volume, *Come san Francesco inventò l'arte moderna*, può sembrare in apparenza una *boutade* ma in realtà è il risultato di un'analisi rigorosa, nonché dei lunghi viaggi che Daverio ha inanellato nel corso della sua carriera nell'arte. San Francesco, secondo la sua visione, introduce un cammino diverso verso la fede, fatto non tanto di pose ieratiche e di dogmi cristallizzati, quanto di un inedito linguaggio colloquiale, di semplicità nei gesti e di tante emozioni.

Questo territorio emotivo nutre la formazione di Giotto, che nel capolavoro di Assisi – e non solo – traduce in pittura la rivoluzione spirituale del santo: la dolcezza di certi personaggi commuove. E non ci si ferma a Giotto: la tesi di Daverio è che da san Francesco si sia irradiata una nuovissima forma di *devotio*, composta di un vocabolario affettivo e sentimentale che finirà per influenzare tutta l'arte occidentale.

Basti pensare al quattrocentesco Masaccio e alle sue prodezze psicologiche (per esempio, il senso della vergogna di Adamo ed Eva nella *Cacciata dal Paradiso terrestre*, affresco della Cappella Brancacci di Santa Maria del Carmine). Oppure l'enigmatico e metafisico Piero della Francesca, capace di tradurre l'iconografia mariana in un racconto di dolcezza materna, come nella *Madonna del Parto*. Se il Quattrocento è stato davvero la «macedonia estetica» evocata da Daverio, molto si deve alle intuizioni di san Francesco, la cui ambizione evangelica non si fermava ai confini mediterranei, il quale – come ci insegna la sua storia – pensava in grande: sognava alleanze globali, teorizzava la fratellanza universale, credeva nel messaggio di Cristo come motore ecumenico, sovrastava gli asfittici circoli del potere medioevale arrivando a ipotizzare una unica vita che include uomini, donne, animali, vegetali.

Viaggiava, Francesco, convinto che il proprio baricentro non avesse bisogno di stanzialità. Questa idea del viaggio come formazione e scoperta fu propria di un altro «gigante» del Quattrocento, Antonello da Messina, pronto a recepire la lezione «lenticolare» della pittura nordica. Simili attitudini aprirono la strada alla stagione gloriosa del Rinascimento, sia di matrice toscana sia veneta e Daverio, raffinato cultore della sensibilità del Nord Italia, scivola con eleganza nel mondo di una figura come Andrea Palladio, l'inventore della «civiltà delle ville», l'architetto che progettò la seconda vita della Serenissima, quando la potenza veneziana dovette ripiegare sulla campagna e sull'entroterra perché in mare cominciava ad avere seri problemi.

E quando alla fine del volume si arriva a Rembrandt, sembra

di chiudere un cerchio: «In Rembrandt» scrive Daverio «tutto diventa materia e umanità, come accade in un suo quadro famosissimo: *La ronda di notte* (1642). Qui il potere civile incontra il potere militare: il primo, rappresentato da un uomo vestito di nero e cinto da una stola rossa, ha un bastone e uno dei due guanti che pende elegantemente da una mano, e guarda in modo poetico il secondo, che indossa un abito giallo sgargiante e reca con sé un'arma». Nata da una reazione al Barocco, la pittura di Rembrandt fonde realismo e materia con un richiamo fortissimo al senso del pathos, come nel Giotto maturo. Non sta qui il bello dell'arte, cioè nell'annodare dei fili che sembravano distanti e agli antipodi?

Come san Francesco inventò l'arte moderna

E altre storie della pittura da Giotto a Rembrandt

1.

Giotto e san Francesco d'Assisi: quando la fede ispira il genio

La scoperta del vero

Giotto e san Francesco sono tra i più grandi rivoluzionari della nostra storia. L'uno cambia la lingua della pittura, traducendola dal greco al latino, dall'astratto al concreto, dal trionfante all'umano. L'altro rinuncia a ricchezze e paramenti per parlare agli umili, ai borghesi, ai mercanti. Ma anche ai malati, ai mendicanti, ai lebbrosi, ai senza lavoro. Insieme trasformano il modo di guardare, di pensare, di pregare, e colorano il mondo di tinte nuove.

Negli affreschi giotteschi irrompono sofferenza e gentilezza, tenerezza e dolore, mentre il tempo fiorisce nella prospettiva. Il Verbo si fa carne e viene a dimorare tra le case e le rupi, i vasi di fiori e le penne sporche di inchiostro, i mobili in legno che sembrano in marmo e i morbidi panneggi che sembrano seta. E poi, ancora, tende e porte, colonne e balconi, lacrime e sorrisi, che mutano la scena fissa del passato nel dinamico romanzo dell'umanità.

Da Assisi a Padova, il passo è breve. L'architettura prende vita, nella Cappella degli Scrovegni, fino a inventarsi stanze che non esistono, preparando il terreno alle mille possibilità del Rinascimento. Perché Giotto, con la sua sensibilità plastica ed emotiva, scopre il vero – anatomico e psicologico, pittorico e naturalistico – e gli costruisce intorno lo spazio. Uno spazio denso di emozioni e affetti ma sempre misurabile, armonico, mai eccessivo. Uno spazio in cui ci si incontra e ci si abbraccia, ci si uccide e ci si compiange, ma non si perde mai veramente il controllo. È la nascita dell'uomo moderno, che si avvia a prendere il suo posto al centro della scena.

Tre grandi rivoluzionari

Montefalco in Umbria è un borgo dell'XI-XII secolo che deve il suo nome attuale, secondo la tradizione, a Federico II di Svevia, che nel XIII secolo aveva notato la grande quantità di falchi presente nel territorio e aveva deciso di cambiare il nome al paese. Da lì in poi lo stemma cittadino è diventato proprio il falco, presente su molti edifici, come la Porta Sant'Agostino facente parte della cinta muraria.

A Montefalco si trova il Complesso museale di San Francesco, un museo-pinacoteca nato dall'ex convento dell'Ordine e comprensivo anche di una chiesa dedicata all'Assisiate dove è conservato un importantissimo ciclo di affreschi realizzato da Benozzo Gozzoli nel 1452, oggi perfettamente restaurato. I dipinti riprendono con precisione i temi di Assisi, quelli della vita di san Francesco e anche alcune caratteristiche del decoro della Basilica di Assisi.

Troviamo, per esempio, *San Francesco predica agli uccelli e benedice la città di Montefalco*, *La cacciata dei diavoli ad Arezzo* o il *Sogno di Innocenzo III*, nel quale il santo è intento a ricostruire la Chiesa, non in senso figurato ma proprio in senso fisico, mattone per mattone. Qui le architetture dipinte sono coloratissime, proprie di un Medioevo dove gli intonaci sui muri sono policromi. Pochi sanno infatti che le città dell'Età di Mezzo, lungi da essere grigie, buie, scure, sono vere follie cromatiche, ed è proprio grazie ad artisti come Benozzo Gozzoli, Giotto, Cimabue e altri che ne riscopriamo la ricchezza e la bellezza mozzafiato.

Due santi ricostruiscono la Chiesa

Innocenzo III (1198-1216) è il rinnovatore politico e teocratico del papato a Roma. Per consolidarsi deve riprendere il controllo di una Chiesa in mano all'aristocrazia feudale dei vescovi, e per farlo si appoggia a due futuri santi pauperisti: Domenico Guzmán di Spagna e Francesco d'Assisi, i quali dal nulla formeranno due congregazioni che diventeranno le più influenti al mondo – i domenicani nelle città francesi, italiane e spagnole, i francescani nelle città d'Italia ma anche nelle campagne, comprese quelle d'Oriente. Inizia così il Duecento.

Tra gli affreschi in alto e gli scranni in basso c'è un fregio curiosissimo che raffigura i francescani più famosi nel Quattrocento, cioè circa duecento anni dopo la fondazione dell'Ordine, come Niccolò IV – primo papa francescano (1288-1292) –, i cardinali più noti e i grandi universitari, fra i quali John Duns Scotus, l'oxfordiano che rovescia le tesi scolastiche del domenicano Alberto Magno e del suo allievo Tommaso d'Aquino. Ma dietro all'altare, sopra alla porta da cui parte il corridoio che porta al convento, sono raffigurati tre personaggi non francescani. Chi sono?

Per trovare una risposta utile a questo piccolo mistero si può salire su una sedia e osservare dall'alto le scritte nascoste dagli scranni: si scopre una cosa incredibile. Le autorità sono un certo *Laureatus Petrarca*, un *Theologus Dantes* e un *Pictor esimius Iottus*. Per un francescano del 1450 Dante, Petrarca e Giotto sono quindi riferimenti così importanti da essere esempi o, come diremmo noi oggi, miti che meritano spazio alle pareti. Ma che tipo di mito?

Gli italiani sono stati grandi fra gli ultimi tre decenni del Duecento e il primo Trecento. È il momento della rivoluzione culturale e di una grande prosperità economica. È il momento in cui nascono, in Toscana, coloro che inventano la lingua letteraria degli italiani – Dante Alighieri prima e Francesco Petrarca poi –, ma anche colui che inventa la lingua figurativa degli italiani, cioè Giotto di Bondone.

Dalla battuta pronta

Giovanni Boccaccio dedica la quinta novella della sesta giornata del suo *Decamerone* a un vivace scambio di battute tra due famosi uomini del suo tempo: il giurista Forese da Rabatta e Giotto. Di entrambi il poeta descrive l'aspetto poco piacevole – il primo è «piccolo e sformato, con viso piatto e ricagnato», mentre il secondo «non era [...] per ciò né di persona né d'aspetto in niuna cosa più bello che fosse messer Forese» – ma ne loda le abilità e ne riconosce il valore: «Così ancora sotto turpissime forme d'uomini si truovano maravigliosi ingegni dalla natura essere stati riposti».

Di Forese dice che «fu di tanto sentimento nelle leggi, che da molti valenti uomini uno armario di ragione civile fu reputato», mentre sul pittore toscano si sofferma maggiormente, specificando che «ebbe uno ingegno di tanta eccellenza, che niuna cosa dà la natura, madre di tutte le cose ed operatrice col continuo girar de' cieli, che egli con lo stile e con la penna o col pennello non dipignesse sì simile a quella, che non simile, anzi più tosto dessa paresse, intanto che molte volte nelle cose da lui fatte si truova che il visivo senso degli uomini vi prese errore, quello credendo esser vero che era dipinto. [...] meritamente una delle luci della fiorentina gloria dirsi puote: e tanto più, quanto con maggiore umiltà, maestro degli altri in ciò vivendo, quella acquistò, sempre rifiutando d'esser chiamato maestro; il qual titolo rifiutato da lui tanto più in lui risplendeva».

I due personaggi si incontrano lungo la strada per Firenze e vengono sorpresi da un temporale che li costringe a camminare, inzaccherandosi, sotto l'acqua. A un certo punto, Forese, guardando Giotto zuppo nel suo mantello, scoppia a ridere e gli chiede se qualcuno vedendolo in quel momento penserebbe davvero a lui come al «migliore dipintor del mondo, come tu se'». Il pittore risponde prontamente zittendolo: «Messere, credo che egli il crederebbe allora che, guardando voi, egli crederebbe che voi sapeste l'abici», cioè che lo riterebbe tale se, vedendo Forese in quello (stesso) stato, lo crederebbe uno che conosce almeno l'alfabeto.

Una lingua che cambia

Nella seconda metà del Duecento a Firenze l'iconografia è ancora profondamente bizantina, anche se la scioltezza del disegno e la facilità di esecuzione rendono questa lingua pittorica particolarmente evoluta. La Madonna, per esempio, è sempre rappresentata come la classica icona orientale, mentre gli angeli hanno ali coloratissime. Nei mosaici della cupola del Battistero di San Giovanni a Firenze, di osservanza bizantina, i pretoriani celesti sono infatti puro colore e pura austerità, tutti con un'espressione uguale, fatta a stampo, si direbbe.

Ma qualcosa, a un certo punto, cambia. Per capire meglio la questione andiamo a Firenze, dai domenicani della Basilica di Santa Maria Novella. Nella navata centrale è conservato uno dei primissimi capolavori di Giotto: il *Crocifisso*, realizzato nel 1290-1295 circa. In quest'opera, la lezione antialbigese dei domenicani è seguita con attenzione: Cristo è uomo vero, morto vero, del cui corpo percepiamo il peso reale, gli occhi socchiusi e la bocca che lascia vedere i denti, mentre il suo sangue cola sul teschio di Adamo e garantisce la nostra salvezza. Una raffigurazione emozionante che avrà immediato seguito. È un'autentica rivoluzione rispetto al modo di vedere dell'epoca.

Il vero inventore dell'arte moderna è san Francesco, quando nelle sue prediche, all'inizio del Duecento, sostituisce all'immagine del *Christus triumphans* quella del *Christus patiens*: è una mutazione della sensibilità dal punto di vista sia teologico e sociale sia iconografico. Il Cristo bizantino è trionfante nella morte, esiste in un mondo astratto e divino, dove il sangue sembra un ricciolo d'oro e l'ombelico è una spirale. Il Cristo dolente è invece espressionista, ha gli occhi chiusi e la testa reclinata da un lato, il suo sangue è rosso vivo e sgorga dalle ferite nelle mani, nei piedi e nel costato. Questo nuovo modello iconografico pone l'accento sull'umanità del Salvatore, trasfigurato dal dolore e dalla morte, ed è molto gradito ai francescani e ai domenicani, sostenitori dell'importanza di una religiosità emotiva e umanizzata che traspare anche nelle opere artistiche.

Tutto comincia qui, e succede quello che gli uomini del Trecento e poi del Quattrocento – per esempio Cennino Cennini e, più tardi, Lorenzo Ghiberti – avvertono molto bene, quando dicono che il greco diventa latino. Il primo, nel *Trattato sulla pittura* (1390-1437), sottolinea, apprezzandolo, lo stacco di Giotto dall'arte bizantina, legata a schemi fissi, ripetitiva, lontana dall'osservazione della natura («Rimutò l'arte del dipingere di greco in latino e ridusse al moderno»), e Ghiberti, nei *Commentarii* del 1452, ripete il concetto: «Arrechò l'arte nuova, lasciò la rozeza de' Greci [...]. Vide Giotto nell'arte quello che gli altri non agiunsono. Arecò l'arte naturale e la gentileza con essa». Quale rivoluzione più culturale e più grande, quindi, di una lingua che cambia? Il greco liturgico dei bizantini si trasforma nel nuovo linguaggio figurativo romanzo.

Il progressivo allontanamento dall'iconografia di tradizione bizantina è una delle grandi mutazioni della storia figurativa, e si vede molto bene nella Sala dei primitivi delle Gallerie degli Uffizi. Qui sono collocate tre tavole che stanno alla storia della pittura come le tavole di Mosè stanno alla storia della religione: la *Madonna Rucellai* di Duccio (1285 circa), la *Maestà di Santa*

Trinita di Cimabue (1290-1300) e la *Maestà d'Ognissanti* di Giotto (1300-1306 circa). La prima è carica di una nuova sensibilità, c'è maggiore dolcezza nei volti e nella sofferente umanità che supera i rigidi schematismi bizantini, la seconda, pure recuperando il modello bizantino della Madonna Odigitria (in greco, «colei che indica la via», cioè il Bambino), supera la rigidità e i canoni della tradizione rendendo il volto di lei dolce, disteso, smussato e gli altri personaggi più fluidi e dai visi più caratterizzati anatomicamente.

Ma è sicuramente con la Madonna giottesca che il cambiamento è ormai evidente: per la prima volta la Vergine e il Bambino sono inseriti in uno spazio, il trono, definito prospetticamente e realistico, tutte le figure sono tridimensionali, morbide, cariche di partecipazione affettiva, verosimili, umane. Alcuni angeli sono addirittura rappresentati di profilo, dettaglio che nelle opere precedenti di impostazione bizantina caratterizzava esclusivamente le figure sinistre e diaboliche. La *Maestà d'Ognissanti* è realizzata all'inizio del Trecento quando ormai Giotto ha terminato il ciclo assisiate e imparato l'importanza della resa dei dettagli e dell'oggettualità. Perciò egli dipinge nella pala d'altare due angeli alla base dell'opera, inginocchiati ai piedi del trono, con in mano vasi di fiori – rose e gigli, che alludono alla purezza e alla carità. Un particolare che a noi può sembrare molto ovvio, ma che in realtà è il primo caso della storia dell'arte. Nonostante non manchino alcuni stilemi bizantini tradizionali – il fondo oro, la grandezza dei personaggi stabilita in base alla loro gerarchia, le ali policrome degli angeli – la Madonna giottesca è una (iniziale) rivoluzione nel mondo della pittura.

Assisi, l'origine di tutto

Il complesso basilicale di San Francesco ad Assisi è un luogo dove di miracoli ne sono successi tanti e ne continuano a succedere.

Uno in particolare è fondamentale e ci interessa ancora oggi: quello che fa cambiare il corso delle arti visive in Occidente durante il XIII secolo.

La basilica viene costruita due anni dopo la morte del santo, nel 1228. L'Assisiate desiderava essere seppellito nella nuda terra, senza lasciare memoria o traccia. Per fortuna – della storia dell'arte e della storia in generale –, i suoi pochi (in quel momento) seguaci decidono diversamente, seppellendolo prima nella Chiesa di San Giorgio e poi trasferendolo nella basilica che nel frattempo papa Gregorio IX ha fatto edificare in suo onore e che ancora oggi porta il suo nome. Così facendo, aggregano intorno al loro Ordine l'intera Europa.

Assisi è importante perché diventa il luogo nel quale la nuova spiritualità è al servizio della nuova economia, delle nuove classi sociali, e la nuova cultura trova la sua espressione più grande. Basti dire che qui convergono Giotto, Cimabue, Simone Martini, ma anche i maestri vetrai inglesi e lapicidi da mezza Europa: questa piccola città è una specie di rosa dei venti in quegli anni, tutto parte da lei. I francescani propongono un cristianesimo totalmente inedito per quei tempi, i loro referenti non sono più l'aristocrazia, le vecchie classi sociali, ma le classi emergenti, il proletariato urbano già industriale, i borghesi, i mercanti. Nascono ora nuove tradizioni.

Assisi dipende direttamente dalla Santa Sede e di questa seguirà le evoluzioni e le turbolenze: prima la linea teocratica e filoborghese dei papi di Anagni, poi, dal 1260 in avanti, la linea filofrancese dei papi d'Oltralpe. Il progetto della Basilica superiore è sin dall'inizio estremamente ambizioso e porterà a lavorare in Italia una serie di artisti importantissimi che provengono dal mondo francese, tedesco e inglese. È infatti il momento dell'affermarsi del gotico, le cui innovazioni si vedranno sia in pittura sia, soprattutto, nelle vetrate degli edifici religiosi. Ma la fortuna francese dura molto meno del previsto: nel 1277 diventa papa il romano Giovanni Gaetano Orsini, con il nome di Niccolò III.

E l'innovazione sarà di nuovo in mani italiane, in particolare in quelle di Cimabue, che dopo essersi occupato della *Maestà con quattro angeli e san Francesco* (1285-1288 circa) nella Basilica inferiore, lavora, insieme alla sua bottega, a una serie di cicli di affreschi per il presbiterio della Basilica superiore (tra il 1288 e il 1292), oggi purtroppo in cattivo stato di conservazione: *Storie di Maria*, due grandi *Crocifissioni* e *Storie dell'Apocalisse*. In particolare, il pittore si concentra sulla resa dell'espressività dei personaggi e sulla sua grande passione per il mondo dell'architettura.

Mentre Cimabue e allievi sono occupati ad Assisi, a guidare la Chiesa arriva un altro papa francese, Martino IV (al secolo Simone de Brion, 1281-1285). Ma nel 1288 viene eletto al soglio di Pietro il primo papa francescano, Niccolò IV. I francescani in quel momento hanno oltre milleseicento monasteri e sono forse più di centomila al mondo.

Nel frattempo, i lavori ad Assisi proseguono ed entra in scena Giotto, insieme a tutto un nucleo di artisti umbri, toscani o romani – come Jacopo Torriti, Filippo Rusuti, Pietro Cavallini –, così tanti che l'attribuzione delle pitture è di difficile interpretazione. Con loro avviene una vera e propria rivoluzione, come si può vedere nei primi dipinti superiori, quelli raffiguranti alcune *Storie di Isacco* (come la *Benedizione di Isacco a Giacobbe* ed *Esaù respinto da Isacco*), e nella volta quattro Padri Dottori della Chiesa (Ambrogio, Geronimo, Agostino e Gregorio). La maturità dell'immagine è impressionante, l'espressività dei volti ha fatto un salto ulteriore, epocale. Le mani sono diventate delicatissime ed eleganti, i panneggi delle vesti si articolano e cadono in un modo sublime e le intere scene sembrano quasi pompeiane, anche se all'epoca non si conosce Pompei. L'autore della *Volta dei Dottori* inserisce una quantità infinita di dettagli tecnici e precisi legati alla vita quotidiana, fino ad allora completamente esclusa nella storia della pittura. L'estetica troppo aristocratica fa propendere gli studiosi e i critici a pensare che non sia opera di Giotto, ma forse di tale Maestro di Isacco (dal momento che alcuni tratti ricordano quelli presenti nelle scene sulla vita di Isacco). I mobili ritratti sono straordinari, le cattedre di Ambrogio, Girolamo, Gregorio Magno e Agostino non sembrano di legno ma di marmo cosmatesco. Il realismo dei dettagli è un fulmine nella storia dell'arte: per esempio, la penna intinta è sporca di inchiostro, mentre lo scrittoio di legno è molto realistico nella sua carpenteria.

Una narrazione viva

La *Benedizione di Isacco a Giacobbe* ed *Esaù respinto da Isacco* si collocano nella terza campata e nel registro più alto, dove sono illustrate storie dal Vecchio e Nuovo Testamento. Queste due scene, nonostante siano divise da una vera finestra, hanno in comune la stessa ambientazione, cioè la camera di Isacco. L'autore (o gli autori) dei due affreschi elimina la parete frontale che avrebbe questo spazio di norma chiuso, in modo da permettere allo spettatore di vedere cosa accade al suo interno. In questa maniera dà vita a un ambiente che può essere «abitato» dai personaggi, che non è più una quinta scenica. Le figure sembrano muoversi, interagiscono tra loro e con oggetti come le tende, escono dalle porte, dando alla narrazione un senso di temporalità, di successione cronologica.

Quando il quotidiano irrompe nella narrazione sacra

Per Giotto la lezione del maestro Cimabue e degli artisti suoi contemporanei sull'attenzione al dettaglio, alla resa spaziale ed emozionale, è fondamentale e lui la celebrerà nella fascia centrale della navata della Basilica superiore di Assisi, dedicata alle *Storie di san Francesco* (realizzata nell'ultimo decennio del Duecento). La Basilica superiore era stata pensata come luogo solenne per le grandi riunioni dell'Ordine francescano, per questo motivo sono i frati e il pontefice a scegliere quali episodi della vita dell'Assisiate illustrare e a decidere la collocazione del ciclo affrescale. Le ventotto *Storie* iniziano quindi non all'ingresso della basilica, come ci si potrebbe aspettare, ma sulla parete di destra in fondo, all'altezza del pilastro che segna l'accesso al transetto. Le scene sono inserite in un'imponente intelaiatura dipinta, che simula una serie di balconate con colonne tortili, mensole, soffitti cassettonati: una struttura architettonica affrescata che crea una barriera tra il ciclo di affreschi e l'osservatore.

Giotto e i pittori che partecipano a quest'opera grandiosa sotto la sua guida sono incaricati di un difficile compito: realizzare un grande racconto esaustivo di un uomo a loro quasi contemporaneo, un tema nuovo, recente. Per far questo, l'artista sceglie un registro terreno, la sua è una narrazione particolarmente umana, che permette di rappresentare, per la prima volta nella pittura medievale, anche aspetti della realtà quotidiana, come gli abiti e gli edifici. Nelle *Storie di Francesco* scompaiono le tuniche e le toghe del tipico vestiario tardoromano e orientale: è una storia moderna e come tale viene rappresentata.

All'origine dell'Ordine francescano

L'Ordine mendicante dei francescani nasce per assistere quelle persone – come poveri, malati, mendicanti, deboli, senza lavoro – ignorate dalla società e persino dai sacerdoti, che ne avevano abbandonato la cura spirituale. Francesco inizia a recarsi nei loro precari insediamenti abitativi a ridosso delle mura di Assisi, rivolgendosi in particolare ai lebbrosi. Il gruppo di amici con cui l'Assisiate cresce, dopo una prima reazione di rifiuto, finisce per raggiungerlo presso la fatiscente Chiesa di San Damiano dove, abbandonata la dimora paterna, egli vive in solitudine all'interno di una grotta. Attorno a un semplice proposito di vita comune in preghiera e povertà, essi ricostituiscono la loro iniziale comitiva giovanile. La primitiva *societas* francescana è quindi composta da laici. Francesco cerca, anche dopo l'approvazione della sua Regola, di privilegiare tale condizione. Chiama i suoi compagni «*fratres*», fratelli, e le sue compagne «*sorores*», sorelle, e con il tempo i termini «frati» (*fratres*, appunto) e «suore» (*sorores*) designano coloro i quali entrano in un ordine religioso non monastico.

Il ciclo si distingue anche per i progressi nella ricerca prospettica, evidente soprattutto laddove la finta architettura prosegue con quella reale. Giotto si forma in maniera definitiva in alcuni riquadri che si possono sicuramente attribuire a lui e dove la struttura evolve partendo dal paesaggio medievale e si trasforma in un postmoderno *ante litteram*. Egli attinge all'architettura cosmatesca di origine classica, cita antiche improbabili edicole romane che si articolano anche loro in chiave postmoderna e predechirichiana, indaga le volte dell'antica Roma e riesce addirittura a trasformare il gotico in neoellenistico, e poi va alla ricerca dei dettagli materiali, si appassiona alla carpenteria e alla falegnameria. L'architettura dipinta non è però inventata *in abstracto*: nell'*Omaggio dell'uomo semplice* – la prima scena che dà inizio al racconto, collocata in fondo sulla parete destra – il tempio ricorda il Tempio di Minerva di Assisi, ancora oggi visibile nella piazza del Comune, e le bifore sono molto simili a quelle della stessa Basilica superiore.

Moderna e «vera» appare anche l'umanità che popola le scene: le persone sorridono, piangono, i loro occhi, i loro volti, i loro gesti esprimono sentimenti ed emozioni, cosa fino ad allora inconcepibile nella pittura. Giotto inventa così la fisiognomica e per la prima volta si vedono persino i denti dei personaggi...

Affetti e moti dell'animo

Serena Romano, professore di Storia dell'arte medievale, analizzando gli affreschi della Basilica di san Francesco osserva come venga tradotto in pittura un cambiamento avvenuto nella società: l'importanza del gesto. Per l'Ordine francescano esso ha un valore molto forte, e negli affreschi giotteschi assume anche una capacità «propagandistica» delle emozioni: la resa in pittura dei gesti umani permette di far virare la narrazione verso toni drammatici ed emozionali e di esaltarli. Tuttavia, nelle *Storie*, l'indagine degli affetti e dei moti dell'animo è condotta con una sapiente capacità di modulare i toni: è la medietà ciò che costruisce la verità, la gestualità dei personaggi non è urlata e teatrale, ma equilibrata. Una scena in questo senso esemplare è quella della *Rinuncia agli averi*, il momento in cui Francesco prende i voti. Qui il padre adirato vuole scagliarsi contro il figlio, ma è trattenuto per un braccio da un cittadino accanto a lui. È in questo gesto, in questa posa ricca di tensione, che si vedono le doti comunicative di Giotto.

Drammi, baci, pene infernali e giochi prospettici

L'esperienza di Assisi è stata estremamente formativa, e quando giunge nella ricca Padova Giotto è pronto per una nuova sfida. Il viaggio dalla città umbra a quella padovana non è altro che il viaggio da un santo francescano a un altro santo francescano, sant'Antonio, originario di Lisbona e frate agostiniano più giovane di Francesco di tredici anni. Egli aderisce subito all'Ordine, di cui diventa il più bravo predicatore, proprio a Padova. Muore nel 1231 e come Francesco viene fatto santo subito, un anno dopo, quando si inizia la costruzione della sua chiesa. Le basiliche di

Assisi e di Padova sono i due massimi lavori pubblici del papato nel Duecento e battono ancora oggi bandiera vaticana.

Tra il 1303 e il 1305 Giotto lavora quindi per la Chiesa di Sant'Antonio, per il Palazzo della Ragione – dove realizza un celebre ciclo di affreschi a tema astrologico, purtroppo andato perduto – e poi trova un super sponsor privato, Enrico Scrovegni, protagonista di una scalata sociale che lo porta a diventare il cittadino più ricco di Padova. Tra tutte le opere di Giotto, gli affreschi realizzati per la Cappella degli Scrovegni (anticamente unita all'omonimo palazzo della famiglia veneta poi distrutto nell'Ottocento) costituiscono il capitolo fondamentale, quello più maturo e più largamente autografo della sua vicenda artistica.

Damnatio memoriae

La famiglia Scrovegni è sempre stata malvista, nel corso dei secoli, per via del ritratto negativo che il giudice padovano Giovanni da Nono e Dante Alighieri fanno di Rinaldo, padre di Enrico, presentato come un usuraio. Nel 1335, inoltre, un'anonima cronaca padovana accentua il suo profilo come strozzino, sostenendo che la prova della grande ricchezza accumulata illecitamente dagli Scrovegni stesse nel viaggio di Enrico a Roma, presso il pontefice, per implorare l'assoluzione dai peccati di usura accumulati dal padre. In merito alle attività di Rinaldo e alle sue (presunte) colpe gli storici ancora dibattono, ma la sollecitudine di Enrico nell'edificare e investire nella piccola cappella di famiglia va letta più come celebrazione di sé e degli Scrovegni, che come intento riabilitativo del padre davanti a Dio e alla città.

Il ciclo decorativo rappresenta *Storie di Gioacchino e Anna, di Maria* e *di Cristo* e si sviluppa su tutte le pareti su tre registri.

Sulle due pareti laterali si trova, in basso, anche un quarto registro, con quattordici *Allegorie* che simboleggiano i *Vizi* e le *Virtù*, concepite come altorilievi, quindi realizzate monocrome per simulare l'idea della scultura. A esse si intervalla una spettacolare decorazione di finti marmi.

L'attenzione architettonica già presente nel ciclo di Assisi diventa un perfetto esercizio assonometrico ed è qui portata al suo massimo: oltre alla rappresentazione in pittura di edifici, chiese, templi, dimore Giotto realizza il primo *trompe l'œil* della storia. I due coretti che si aprono ai lati dell'abside sono il momento più alto dell'illusionismo prospettico della cappella: il pittore manipola lo spazio reale creando l'impressione della presenza di due ulteriori stanze dettagliatissime, comprensive, in lontananza, del cielo. Ciò spalanca infinite possibilità al Rinascimento.

La rivoluzione di Giotto si può sintetizzare in una formula: la scoperta del vero – anatomico, fisionomico, dei colori, delle ombre e delle luci – nella certezza dello spazio misurabile.

La mania per i dettagli da falegname diventa iperrealista, la tecnica delle ombre raggiunge la piena maturità. Per delineare il contorno dei visi utilizza una linea rossa, rende plastici i corpi dei personaggi, il paesaggio diventa quinta teatrale.

A Giotto si ispirano...

Raffaello copia spudoratamente un personaggio dello *Sposalizio della Vergine* della Cappella degli Scrovegni e lo riproduce proprio nella sua opera omonima, del 1504: è il pretendente deluso che rompe la verga al ginocchio, inserito invertito rispetto al suo precedente, cioè sulla destra anziché sulla sinistra, come se fosse specchiato. Michelangelo, invece, per la pelle di san Bartolomeo portata in mano dallo stesso nel *Giudizio universale* (1536-1541), si è sicuramente ispirato al dannato ricurvo su se stesso dell'inferno giottesco. E Mantegna nel suo

Cristo morto (1480 circa) si rifà a uno dei bambini innocenti, trafitti e ammonticchiati a terra della *Strage degli innocenti*.

E anche qui, com'era accaduto nelle *Storie di san Francesco*, si scoprono «gli affetti e le attitudini» (per usare parole di Giorgio Vasari), cioè emergono in pittura l'ira, il pianto, il dispiacere, la gioia, il sorriso, le pulsioni dell'animo, la psicologia e quindi la fisionomia. Tra le *Storie di Gesù* ce n'è una in particolare emblema dell'autenticità delle emozioni dipinte: la *Strage degli innocenti*. Questo cruento episodio è di un'intensità drammatica fortissima: in alto a sinistra, da un balcone, Erode ordina di uccidere tutti i bambini nati in quei mesi a due soldati che tentano di strappare i piccoli dalle braccia delle loro madri. La restituzione del dramma in atto è affidata completamente alla mimica facciale e alla gestualità, sempre controllata e mai caotica, del gruppo di madri e donne che assistono impotenti alla strage: il loro grido, sembra di sentirlo, è autentico quanto il loro dolore, e sul volto di una di esse appare la prima lacrima della storia della pittura.

Una delle scene introspettive più dolci è invece l'*Incontro di Anna e Gioacchino alla Porta d'Oro*: i genitori di Maria, dopo aver saputo che avrebbero avuto una bambina per miracolo, si trovano davanti alla porta aurea di Gerusalemme e qui si abbracciano e si baciano con tenerezza. Ogni loro precedente paura e preoccupazione si risolve così in questa manifestazione d'affetto estremamente intima e quotidiana, mentre alcune donne curiose sorridono davanti alla scena e un contadino sembra passare lì per caso.

A concludere idealmente le *Stori*e è il *Giudizio universale*, affresco che occupa l'intera controfacciata della cappella. A questo proposito gli storici, forse per imbarazzo, non osano parlare dell'ultimo e più «feroce» gesto rivoluzionario di Giotto: egli «ruba» l'idea per questo dipinto ai veneti. Nella Basilica di Santa Maria Assunta a Torcello si conserva infatti un altro *Giudizio* *universale*, un mosaico in stile veneto-bizantino che si sviluppa dall'XI al XIII secolo. Attenzione a un dettaglio: il sangue che sgorga dai piedi del Cristo in mandorla si trasforma in un fiume che diventa successivamente fiamma ardente in fondo all'inferno, dove vengono bruciati i sette peccati capitali. Questo torrente vermiglio viene replicato nella narrazione di Padova.

Un'altra scoperta molto interessante del *Giudizio* giottesco è fra i dannati dell'inferno: per la prima volta in Occidente appaiono il sesso e i peli. Il pudore bizantino è definitivamente cancellato: mentre gli uomini puniti nel Tartaro di Torcello non hanno i genitali, i condannati di Padova sono impiccati anche per il pene, vengono fatti arrosto nudi o impalati, obbligati al voyeurismo eterno di altri corpi spogliati, o a una perenne e impossibile trattativa con la meretrice.

Tutto questo è ciò che accade in Italia tra la fine del Duecento e l'inizio del Trecento: la modernità.

Il ritorno di san Francesco e il ritorno ad Assisi

La vita artistica di Giotto viene fortemente influenzata dalla vita, terrena e spirituale, di san Francesco, al quale il pittore dedicherà diversi tributi in più di un'occasione, oltre a quelle esaminate in precedenza. È il caso, per esempio, del ciclo di affreschi commissionato a Giotto dalla famiglia Bardi, ricchi mercanti e banchieri, intorno al 1325 circa, per l'omonima cappella nella Basilica di Santa Croce a Firenze. Egli realizza sei scene che riprendono, rinnovandoli nella resa e nell'intensità espressiva, gli stessi temi delle *Storie* della Basilica superiore di Assisi, in particolare: la *Rinuncia ai beni*, la *Conferma della Regola*, la *Prova del fuoco*, la *Stimmate*, l'*Apparizione al Capitolo di Arles*, le *Esequie* e le *Visioni dell'ascensione*. L'episodio più famoso, studiato e apprezzato è quello delle esequie del Poverello, poiché racchiude in sé, in un'ambientazione semplice, tutta la gamma delle emozioni provate dai francescani alla morte dell'ispiratore del loro Ordine. C'è chi si dispera, chi gli bacia affettuosamente mani e piedi, chi prega, chi si trova confuso, sorpreso o annichilito dal dolore. Ai lati dell'affresco rendono omaggio rispettoso al santo figure religiose e laiche. Il tutto, come sempre, in una rappresentazione di grande *pathos* e trasporto, che non risulta mai esagerata e frastornante.

Intorno al 1334 Giotto e la sua bottega tornano invece a lavorare per la Basilica inferiore di Assisi, realizzando gli affreschi della volta a crociera sopra l'altare maggiore con le tre *Allegorie francescane* (Povertà, Castità e Obbedienza) e l'*Apoteosi di san Francesco*. Quest'ultima è un vero trionfo di ori e materiali preziosi: l'Assisiate, che sceglie la povertà estrema in vita, viene assunto in cielo in un tripudio regale, attorniato da angeli, sotto un baldacchino con drappo rosso, abbigliato lussuosamente. In questo affresco si ritrova l'idea del valore salvifico della fede portata avanti da san Bonaventura, il francescano incaricato dall'Ordine di scrivere la *Legenda Maior*, biografia del poverello di Assisi: Francesco è il tramite per raggiungere la salvezza e la gloria eterna attraverso il credo.

2.
Il Quattrocento, da Leon Battista Alberti ad Antonello da Messina

Una nuova visione

Il Quattrocento inizia in un vortice, tra papi e antipapi, piccoli e grandi scismi, eresie e concili. Ma quando il Concilio di Basilea, indetto da Martino V, dopo essere passato da Ferrara approda a Firenze, trasforma la città nella nuova Atene. I dignitari giunti da Bisanzio dispensano la loro influenza neoplatonica, mentre le famiglie facoltose di mercanti e banchieri sostengono e favoriscono l'esplosione artistica e il rinnovamento dello stile. In città arriva anche Leon Battista Alberti: è lui, insieme a Filippo Brunelleschi, il padre dell'architettura rinascimentale, il teorico della prospettiva, colui che, con i suoi trattati, eleva l'artigianato ad arte. Da Palazzo Rucellai a Santa Maria Novella, dal Tempietto del Santo Sepolcro al Tempio Malatestiano di Rimini, getta le basi di una nuova visione.

A tradurre questa visione sulla tela ci sono molti maestri, tra cui spiccano Piero della Francesca, enigmatico e metafisico, e il grande Antonello, che da Messina a Palermo, da Napoli a Venezia, sintetizza magistralmente l'arte mediterranea con quella fiamminga e tesse la splendida trama del Rinascimento italiano. Nell'atmosfera insieme sospesa e realistica in cui immerge i suoi personaggi, il Nord e il Sud si toccano in un incanto speciale.

Perché il Quattrocento è una vera e propria macedonia estetica, che parla, come mai prima, di noi. Del resto, quando l'uomo è al centro, tutto gli si dispone intorno in armonia: eleganti levrieri e fastosi elefanti, santi martiri e oscuri marinai, diademi minuziosi e magiche, feconde melagrane.

Un'epoca movimentata

Il XV secolo vede la nascita di uno dei momenti culturali e artistici più straordinari di tutti i tempi, il Rinascimento, una spinta al rinnovamento carica di una visione nuova del mondo e delle capacità umane che arriva fino al Cinquecento.

Il Quattrocento ha inizio nel disordine dello scisma d'Occidente, sotto il controllo di un papa a Roma (Gregorio XII) e di due antipapi (Benedetto XIII ad Avignone e Giovanni XXIII a Bologna). Il pasticcio è inarrestabile, l'Europa è rotta. L'imperatore Sigismondo decide quindi di convocare il Concilio di Costanza, che dura dal 1414 al 1418. I risultati arrivano: viene processato e condannato al rogo per eresia Jan Hus, uno dei primi anticipatori della Riforma protestante che si avvierà un secolo dopo la sua morte, poi si depongono i tre papi e se ne elegge uno nuovo, romano, appartenente alla famiglia Colonna, di nome Martino V.

Il nuovo pontefice, terminato il concilio, intraprende un lungo viaggio per tutta Italia, finché arriva a Roma per restaurare la sovranità della Santa Sede nello Stato pontificio, che dopo trent'anni di scisma versa in condizioni misere, in una situazione di completa anarchia. Martino V si fa promotore di una serie di interventi per migliorare la Città Eterna e gli altri possedimenti papali dal punto di vista urbanistico, economico, burocratico, amministrativo e culturale.

Infine, dopo aver risolto lo scisma d'Occidente, decide di convocare un altro concilio nel 1431, a Basilea, per trattare l'unione con la Chiesa ortodossa e sradicare definitivamente l'eresia hussita. Appena iniziato l'incontro, però, il papa muore; il suo successore è Eugenio IV, della famiglia veneziana dei Condulmer. In disaccordo totale con i padri conciliari, che ritengono le loro decisioni superiori rispetto a quelle papali, nel 1437 trasferisce il dibattito a Ferrara e poi, nel 1439, a Firenze, mentre a Basilea i primi conciliaristi cercano di schierare la Chiesa contro di lui, eleggendo un antipapa, Felice V. È il piccolo scisma d'Occidente, che si risolverà solo nel 1449.

In Italia arriva quindi una delegazione bizantina per discutere la riunione delle Chiese latina e ortodossa sul piano dogmatico, mentre sarebbe rimasta la differenza sul piano liturgico. Lo spostamento del concilio a Firenze fa sì che la città acquisisca un'importanza a livello europeo: diventa la nuova Atene greco-latina d'Europa, fondamentale fulcro culturale. L'arrivo dei vari dignitari orientali ha un grande impatto sugli artisti della città, che ne vengono influenzati. Alcuni storici dell'arte ritengono che il passaggio della cultura neoplatonica in Occidente tramite alcuni delegati bizantini (come Gemisto Pletone) sia stato uno dei motori principali del Rinascimento italiano.

A Firenze si verificano anche le condizioni economiche e politiche in grado di sostenere e favorire la creazione artistica e il rinnovamento dello stile: basti pensare alle varie famiglie facoltose di mercanti e commercianti, banchieri e nobili che finanziano pittori, architetti, scultori. Il punto di partenza di questa straordinaria stagione è quindi la città dei Medici: centro sperimentale di una nuova espressione figurativa in cui si concentrano gli studi e le personalità che producono la nuova cultura umanistica, come Leon Battista Alberti, un prete che aveva fatto strada a Roma come responsabile di curia e che qui giunge per il concilio.

Il Quattrocento che non si spiega

Il XV secolo lascia spesso all'interno delle sue opere artistiche migliaia di percorsi interpretativi, che noi cerchiamo di comprendere ma che alla fine superiamo andando oltre, perché ciò che ci convince fino in fondo è il grande equilibrio estetico e la possibilità di leggere il significato dei segni pittorici, non degli ipotetici simboli nascosti. Fra i vari capolavori rinascimentali ancora avvolti nel mistero c'è la *Flagellazione di Cristo* (1453) di Piero della Francesca, uno dei dipinti più commoventi e indecifrabili del mondo. L'opera è enigmatica: ogni storico dell'arte tende a darne una sua interpretazione e ancora oggi non abbiamo risposte definitive. Ci sono varie ipotesi circa chi siano i tre personaggi sulla destra, sul Pilato seduto, addirittura una tesi che reputa che il personaggio sulla sinistra non sia Cristo ma un santo che viene flagellato per la sua eccessiva passione letteraria; infine un'interpretazione cosmografica, secondo cui le figure rappresentano ognuna un pianeta del sistema solare. Quello che è certo è che l'architettura bianca in marmo perfetto è identica a quella che sta propagandando in quegli anni di metà Quattrocento Leon Battista Alberti. Alla fine, oggi, del quadro, interessano la sospensione metafisica dell'atmosfera e il concentrato di questo mondo bizzarro del Rinascimento, dove la sperimentazione del nuovo assoluto passa necessariamente attraverso la riscoperta della pietra antica.

L'uomo del Rinascimento

Nato a Genova nel 1404 da un'ottima famiglia di mercanti e banchieri fiorentini banditi dalla città toscana a fine Trecento, Leon Battista Alberti cresce a Padova, si laurea in Diritto canonico a Bologna, città dove approfondisce anche altre discipline, tra cui la musica, la matematica, l'astronomia, la pittura, la scultura, la letteratura. Egli scopre nell'antichità il rimedio ai tempi correnti, soprattutto grazie al suo soggiorno a Roma, quando viene introdotto nel prestigioso ambiente culturale della curia di papa Eugenio IV.

Leon Battista Alberti gode di grande potere e autorevolezza, basti pensare al fatto che la bolla emanata a Bologna nel 1437 con la quale il papa Condulmer Eugenio IV decide di spostare il defunto Concilio di Basilea prima a Ferrara e successivamente a Firenze – documento assolutamente straordinario – è conservata ancora oggi in casa della famiglia dell'umanista.

Tra il 1434 e il 1443 il poliedrico maestro vive tra Firenze e Ferrara, dove assiste al già menzionato incontro papale. In questo lasso temporale partecipa alla vita intellettuale della città toscana. La Firenze della metà del Quattrocento è lussuosa, come ce la tramandano gli artisti dell'epoca. Nel *Cassone Adimari* dipinto dallo Scheggia – fratello di Masaccio – nel 1450 circa, per esempio, in piazza del Duomo sta avvenendo uno sposalizio. I personaggi, forse nobili, indossano vesti sontuose decorate in oro e copricapi che sanno d'Oriente, ovunque si respira una voglia di nuove architetture, di musica e danza.

Regole, trattati, giochi e questioni famigliari

Leon Battista Alberti mostra, per tutta la sua vita, un'attenzione particolare nei confronti della ricerca di regole, teoriche e pratiche, che gli artisti possano seguire nel proprio lavoro. Di conseguenza scrive numerosi trattati, che dimostrano la sua poliedricità come pensatore. Fondamentali sono le tre opere sulle arti «maggiori», ovvero la pittura, la scultura e l'architettura. Nel *De pictura* (1435), scritto con un'attenzione e una finezza estreme, fornisce, tra le varie nozioni, la prima definizione di prospettiva scientifica, poi tratta della *circumscriptio* – cioè il contorno dei corpi –, della *compositio* – ovvero la composizione della scena pittorica – e della *receptio luminum* – i colori e la luce –, e infine del lavoro dell'artista in generale. Nel *De statua* (composto nel 1450 circa) approfondisce invece le questioni legate alle proporzioni del corpo umano in relazione alla scultura, mentre nel *De re aedificatoria* (opera cui lavorò fino al 1472, anno della sua morte) approfondisce

la teoria dell'architettura, dalla scelta del terreno su cui lavorare ai materiali da utilizzare, da una disamina sui vari tipi di costruzioni alle decorazioni, dal restauro alla proposta di nuovi edifici moderni, tra cui ospedali o prigioni. Emblematico della passione dimostrata dall'Alberti per l'antichità romana è la *Descriptio urbis Romae* (1450 circa), nella quale, in lingua latina e con una grafia modernissima, illustra i monumenti di Roma con dettagli topografici.
I suoi interessi scientifici vengono affrontati nel *Ludi rerum mathematicarum*, scritto tra il 1450 e il 1452, un trattato di argomenti matematici e fisici approfonditi sotto forma di giochi, storie, racconti, con un evidente intento pedagogico.
Infine, è estremamente attuale per la sua epoca l'opera dialogica *Quattro libri della famiglia* (conclusa nel 1440 e scritta in volgare fiorentino), nella quale mette a confronto le opinioni dei membri della sua famiglia in merito a varie questioni circa la conduzione e l'organizzazione del nucleo famigliare, dal matrimonio all'educazione dei figli, dalla gestione finanziaria del patrimonio ai rapporti sociali e al tempo libero.

Leon Battista Alberti è positivamente «afflitto» da manie letterarie e poetiche, a tal punto che inventa, nel 1441, il *Certame coronario*, cioè una gara di poesia in lingua volgare che certifichi chi può portare la corona d'alloro. La competizione si svolge proprio sotto la cupola del Brunelleschi il 22 ottobre di quell'anno, ma non viene proclamato alcun vincitore e il premio viene conferito alla cattedrale di Santa Maria del Fiore.

Alberti è un intellettuale a Firenze, una città di intellettuali, di chi pensa, discute e scrive, che trasformerà lentamente i suoi «semplici» artigiani in artisti a tutto tondo. Alberti opta per la più intellettuale delle arti, l'architettura, al punto da essere ormai ritenuto, insieme a Filippo Brunelleschi, il fondatore dell'architettura rinascimentale.

Tra il 1439 e il 1442 Giovanni Rucellai, mecenate e mercante di lana prestigiosa, gli commissiona il progetto del palazzo di famiglia. La costruzione viene portata avanti da Bernardo Rossellino, sui disegni dell'Alberti, mentre quest'ultimo si concentra in particolare sulla facciata, terminata nel 1465. Essa è in bugnato, divisa su tre livelli. Il piano terra presenta lesene doriche, il primo piano ioniche e il secondo corinzie. Gli ultimi due livelli hanno finestre bifore. Le lesene decrescono verso i piani superiori, creando un gioco illusionistico per il quale il palazzo sembra essere molto più alto di quanto non sia in realtà.

Con il vento in poppa

Il committente fiorentino amico dell'Alberti viene sepolto nel Tempietto del Santo Sepolcro, monumento funebre realizzato dall'architetto rinascimentale nella Chiesa di San Pancrazio a Firenze. Questo capolavoro, che si ispira al Santo Sepolcro gerosolimitano, ha pianta rettangolare e pareti decorate con paraste corinzie scanalate, una merlatura gigliata in cima e pannelli con tarsie marmoree eleganti e bicolori (verde e bianco). I motivi principali di queste ultime sono varie figure geometriche ripetute simmetricamente. Tra queste formelle c'è anche, su ogni lato, uno stemma araldico: il mazzocchio (cioè il cerchio in feltro parte del tipico copricapo rinascimentale) con tre piume di Cosimo il Vecchio; due piume in un anello con pietra preziosa di Piero il Gottoso; tre anelli intrecciati a formare un triangolo, simbolo di Lorenzo il Magnifico, e, infine una vela spiegata al vento di Giovanni Rucellai. Quest'ultima formella è interpretabile in vario modo: da un lato sembrerebbe far riferimento ai viaggi attraverso i quali la famiglia di mercanti dei Rucellai aveva prosperato negli anni; dall'altro rappresenterebbe le sorti di questa casata, i cui affari andavano egregiamente, «con il vento in poppa».

Finanziato dal Rucellai, l'architetto progetta anche il completamento della facciata della Basilica di Santa Maria Novella, rimasta incompiuta nel 1365 al primo ordine di arcatelle in marmo bianco e verde secondo la secolare tradizione fiorentina. I lavori iniziano nel 1457 circa. Il problema principale è quello di riuscire a integrare, mantenendo uno stile classicheggiante, i nuovi interventi con gli elementi preesistenti: in basso c'erano già avelli circondati da archi a sesto acuto e portali laterali, sempre a sesto acuto, mentre nella parte superiore il rosone, anche se privo di ogni decorazione, era stato precedentemente aperto. Alberti inserisce quindi al centro della facciata inferiore un portale di proporzioni classiche, inquadrato da semicolonne, con incrostazioni in marmo rosso per rompere la bicromia. Per terminare la fascia inferiore progetta una serie di archetti a tutto sesto che concludono la parte delle lesene. Per evitare invece che la parte superiore della facciata risulti arretrata rispetto al basamento colloca una parte di separazione con intarsi in marmo che rappresentano vele gonfie al vento (simbolo della famiglia committente). Al livello superiore, organizzato con altre lesene, c'è il timpano triangolare. Ai lati, due doppie volute congiungono l'ordine inferiore, più largo, a quello superiore, più alto e stretto, donando alla facciata un moto ascendente conforme alle proporzioni. La facciata racchiude anche un piccolo e curioso stratagemma che enfatizza la minuziosa attenzione dell'Alberti per la perfetta proporzione: essa si inscrive infatti in un quadrato avente per lato la base della facciata stessa. Dividendo in quattro tale quadrato, si ottengono altrettanti quadrati minori; la parte inferiore ha una superficie corrispondente a due quadrati, quella superiore a un solo quadrato.

Un altro cliente di Leon Battista Alberti è il tremendo Sigismondo Pandolfo Malatesta, uno dei più audaci condottieri miliari italiani, signore di Rimini e Fano dal 1432, che nel 1450 lo incarica della trasformazione della Chiesa di San Francesco in un tempio per la famiglia. Per Alberti è facile prendere spunto dalla romanità presente a Rimini – basti pensare alla presenza dell'Arco di Augusto costruito nel 27 a.C. o al Ponte di Tiberio del I secolo d.C., i cui archi, essendo dei mezzi cerchi, si riflettono curiosamente nell'acqua creando l'illusione ottica di un cerchio perfetto: l'elemento della colonna corinzia bianca del primo e le edicole cieche del secondo diventano decorazioni nella facciata del Tempio Malatestiano. L'edificio, oggi indicato come duomo cittadino, fu eretto nel IX secolo, per poi essere ricostruito nel XII in stile gotico. Per l'esterno Alberti progetta un involucro rinascimentale in marmo che circonda la chiesa preesistente. La facciata, incompiuta (era stato previsto un frontone, mai realizzato), presenta quattro paraste con capitello corinzio e, al centro, l'ingresso sovrastato da arco e timpano triangolare e decorato con marmi policromi. Le fiancate del tempio sono invece composte da una serie di archi collocati su pilastri squadrati.

All'interno di questo mausoleo classicheggiante Piero della Francesca, altro grande esponente del Rinascimento, realizza nel 1451 l'affresco votivo di *Sigismondo Pandolfo Malatesta in preghiera davanti a San Sigismondo*. Il signore di Rimini è ritratto al centro, di profilo, con le mani giunte, in ginocchio davanti al santo suo protettore, che è assiso al trono sulla parte sinistra del dipinto con in mano lo scettro e il globo, emblemi della sua regalità. Dietro al Malatesta ci sono due elegantissimi levrieri, uno bianco, simbolo del bene o della fedeltà, e uno nero, che rappresenta o il male o la vigilanza.

Elefanti malatestiani

Tra le figure fondamentali nell'araldica malatestiana si annovera sicuramente l'elefante, animale al quale i bestiari riconoscevano forza, prudenza, incredibile intelligenza, riservatezza, capacità di perdonare le offese e dimenticarle, e altre qualità. Per la casata di Rimini, che usò questo simbolo nella maniera più ampia e varia, il mammifero rappresentava virtù come l'eternità, la

munificenza, il fasto regale, la capacità di comando. Secondo alcuni, la presenza degli elefanti negli edifici malatestiani è da ricondurre anche a una presunta discendenza della famiglia da Scipione l'Africano.
Sculture dell'animale sono presenti in diverse parti del Tempio di Rimini, come quelle che sorreggono la tomba di Isotta – terza moglie, molto amata, di Sigismondo – e quelle nel frontone della Cappella delle Reliquie. Per esempio, quattro coppie di elefanti in marmo nero (che è il colore tipico di quello asiatico, ritenuto più potente di quello africano) sostengono i pilastri delle prime cappelle di destra e sinistra.

Attenzione al sacro e realismo fiammingo

Tra le figure principali nel panorama pittorico quattrocentesco c'è il siciliano Antonello da Messina, in qualche modo parallelo a Piero della Francesca, specie nella capacità di organizzare lo spazio secondo le regole della prospettiva lineare, e fondamentale artista in grado di sintetizzare la cultura mediterranea con quella fiamminga, dalla quale approfondisce in particolare la tecnica della pittura a olio e l'attenzione minuziosa per i dettagli. Del resto, il Quattrocento è una vera e propria macedonia estetica, e lui ne è un esempio perfetto.

Della sua vita personale si conosce poco, solo che nasce nel 1430 circa e che svolge il suo apprendistato artistico in alcune botteghe di Messina e Palermo, probabilmente incoraggiato dal padre scultore.

Sembra che intorno al 1450 circa si sposti a Napoli, a studiare e lavorare presso il pittore Colantonio. Qui entra in contatto con la pittura spagnola e provenzale, presenti nelle collezioni della corte aragonese, ma soprattutto conosce, fra i vari artisti, Petrus Christus, allievo di Rogier van der Weyden, scoprendo così la pittura fiamminga che lo influenzerà per tutto il suo percorso.

Dal 1460 al 1465 abita e lavora nella sua città natale, realizzando alcune opere che evidenziano la sua grandissima abilità a destreggiarsi in maniera diversa tra temi sacri. È il caso, per esempio, delle due tavolette di Visita dei tre angeli ad Abramo e San Girolamo penitente nel deserto. Nella prima il tema sacro viene rivisitato: nonostante un cattivo stato conservativo, i vari restauri hanno dimostrato che insieme alla raffigurazione dei tre angeli c'era anche quella di Abramo e probabilmente di Sara. L'episodio biblico ritratto è quello dell'ospitalità: Abramo incontra i tre viaggiatori – che in realtà sono emblema della Trinità – e Sara concepisce grazie alla volontà divina. Ma se nella tradizione lo sfondo del racconto è un ambiente desertico, Antonello da Messina, riprendendo la cultura nordica, lo reinterpreta, dando vita a un paesaggio rigoglioso, dipinto alla perfezione in prospettiva, e con una cura particolare ai dettagli naturalistici, anche quelli minuscoli. Il San Girolamo è sicuramente legato all'iconografia tipica del periodo, ed è collocato in una quinta paesaggistica raffinata e sontuosa. Qui troviamo una grande attenzione al dettaglio botanico, segno distintivo di tutta la produzione del pittore siciliano, e una vitalità realistica incredibile.

Moderno polittico

Il *Polittico di San Gregorio* è l'unico lavoro rimasto sostanzialmente nel luogo per il quale era stato dipinto, a Messina, presso il Museo regionale. L'opera, commissionata per la Chiesa di San Gregorio da una badessa della famiglia Cirino, viene prima smembrata nel Cinquecento, poi rimane sotto le macerie del terremoto del 1908, e affronta campagne di restauro di grande spessore. Le tavole sopravvissute rappresentano la Madonna in trono, con san Gregorio Magno a sinistra e san Benedetto a destra, mentre nel registro superiore c'è un angelo annunciante e la Vergine annunciata. Il formato e la sua impostazione sono tradizionali, come la presenza del fondale d'oro, ma alcuni dettagli manifestano il desiderio dell'artista di aggiungere un tocco moderno, come la caratterizzazione psicologica intensa dei personaggi e l'attenzione ai minimi dettagli (ancora una volta, questa, tipica della pittura fiamminga). La novità più marcata sta nella realizzazione di una balaustra che dona unità all'insieme, creando uno spazio realistico dove i santi non sono più separati tra loro, ma anzi dialogano armoniosamente. L'opera risulta un *melting pot* capace di unire le antiche radici iconiche bizantine con le novità del mondo italico e delle Fiandre. Ecco quindi, per esempio, che alcuni dettagli illusionistici, come i piedi dei santi che sembrano sporgere oltre il gradino, ricordano i lavori del Mantegna, mentre altri elementi, come la collana di corallo dal valore apotropaico al collo del Bambino, sembrano ripresi da vari artisti del XV secolo, tra cui Piero della Francesca.

Emblematica dei tratti peculiari della parabola artistica di Antonello da Messina è anche l'opera raffigurante da un lato la Madonna col Bambino benedicente e dall'altro il Cristo in Pietà, realizzata intorno al 1465-1470 circa. Sul fronte c'è la Vergine con in braccio il Bambino e, in basso a sinistra, un frate francescano inginocchiato. Ancora una volta l'aderenza alla cultura nordica è puntuale, sia nella qualità diversificata del dettaglio sia nella resa del realismo. Sul retro, il volto di Cristo è inserito in un traforo marmoreo illusionistico, di stile gotico-catalano, i cui dettagli, purtroppo rovinati per via dell'uso devozionale di questa tavoletta, sono precisissimi. L'attenzione lenticolare al volto di Cristo conferisce al dipinto una grande forza evocativa, raccontando la Pietà e l'immagine del dolore della Passione in maniera talmente reale da smuovere i sentimenti dei devoti di ieri, che si inginocchiavano davanti a questa icona, e degli osservatori di oggi. La sofferenza di Cristo verrà dipinta, in maniera più matura e ancor più intensa, anni dopo, tra il 1476 e il 1478. All'introspezione psicologica e al pathos partecipa questa volta anche un angelo, che cerca di sorreggere Gesù inutilmente, anch'esso invaso da un profondo senso di disperazione.

Appartenente a quel mondo che lo storico olandese Johan Huizinga definisce come «autunno del Medioevo», ovvero il periodo tra Trecento e Quattrocento, visto come epico riepilogo e, insieme, tramonto della civiltà medioevale e dell'arte tardogotica verso l'esplosione gioiosa del Rinascimento, è la Madonna Salting, databile al 1460-1469 circa e conservata presso la National Gallery di Londra. Noi oggi chiamiamo infatti quest'opera «fiamminga», in particolar modo per l'alto virtuosismo nella resa descrittiva, soprattutto delle vesti e dei gioielli preziosi della Vergine, per lo sfondo scuro e gli effetti metallici del colore utilizzato per la corona della Regina del Cielo.

Questa vera e propria icona, che si staglia sul fondo nero, icastica e verista, carica di una grande potenza spirituale, è una delle testimonianze più accattivanti del talento di Antonello da Messina, artista capace di concretizzare in un'unica composizione la freschezza e le novità della pittura nordica con quelle del Rinascimento italiano, dando spazio alle emozioni umane e a una qualità indiscutibile di realizzazione. La critica ha tuttavia osservato una disomogeneità stilistica nella differente resa della Vergine – che sembra una vera sovrana, con un diadema minuziosamente illustrato come fosse un'opera di oreficeria, avvolta da un velo impalpabile e allo stesso tempo materico e vestita del miglior broccato che si potesse indossare – e degli angeli e del Bambino – che sembrano più «primitivi» e quasi meno curati. Il piccolo Gesù, sottodimensionato rispetto alla madre ma dal volto già adulto, reca in mano una melagrana, simbolo della fertilità e della regalità di Maria, e allo stesso tempo prefigurante la Passione, per via del colore rosso sangue. Il modulo della Vergine incoronata da angeli è ripreso da Antonello in altri suoi dipinti, come nelle due copie della Vergine leggente, una del 1460-1462 custodita al Museo Poldi Pezzoli di Milano e una del 1461 circa oggi a Baltimora presso il Walters Art Museum.

Nell'armadio dello speziale una sorpresa beffarda

A metà dell'Ottocento il barone Mandralisca, collezionista e filantropo, fa una scoperta incredibile in una farmacia di Lipari: l'anta di un armadio contenente farmaci è in realtà una tavola dipinta a olio raffigurante un uomo sorridente ed enigmatico. È il *Ritratto di ignoto marinaio*, realizzato tra il 1465 e il 1476 circa da Antonello da Messina. Molti critici ritengono che l'opera ritragga, anziché un uomo comune come quelli che lavoravano sulle navi, una personalità di spicco dell'isola, politico, nobile o religioso, forse il committente. Il pittore opera qui una serie di scelte stilistiche e tecniche precise: dal formato del quadro alla decisione di abbozzare prima un disegno limitato a grandi tocchi e poi dedicarsi con precisione a realizzare diversi strati pittorici. Il dipinto è un ritratto psicologico *ante litteram*: il sorriso beffardo, la profondità degli occhi, la posa che suggerisce una dimensione emotiva, unite a una sapienza nell'uso della luce e della luminosità, sono tutte soluzioni che danno vita a un ambiente seducente, misterioso, onirico, e a un'opera con grande capacità espressiva.
Rimasto senza eredi, il barone Mandralisca dona quest'opera, insieme alla sua collezione, a Cefalù, sua città natale. Da allora, il volto del marinaio ha interessato molti intellettuali e scrittori siciliani, come Vincenzo Consolo, che lo inserisce nel romanzo che segna la sua carriera letteraria: *Il sorriso dell'ignoto marinaio* (1976).

Dalla Sicilia alla Serenissima e ritorno

Nel 1475 Antonello da Messina approda a Venezia, la cui scena pittorica è in quel periodo dominata dalla bottega di Giovanni Bellini, pittore ufficiale della Serenissima. Qui l'artista siciliano esercita una grande influenza sui veneti, in particolare su Alvise Vivarini e Vittore Carpaccio.

Una delle prime opere di questo breve periodo veneziano (rimarrà solo un anno) è *San Girolamo nello studio*, che ha portato con sé dalla Sicilia e termina appunto nella città veneta. In questo dipinto ancora intriso della cultura fiamminga, Antonello recupera l'iconografia del santo, ma qui lo ritrae non più nel deserto, come aveva fatto in passato, bensì in versione umanista, chiuso nel suo studio e concentrato a leggere. La scena è racchiusa da una cornice dipinta che crea l'inganno del quadro nel quadro. Girolamo è inserito in una quinta architettonica imponente e perfettamente studiata a livello prospettico, che insieme alle sue ombre contribuisce a isolare ulteriormente lo studioso raccolto nell'attività intellettuale. Un'opera incredibilmente gotica, metafisica e realista al contempo, con gli uccellini fuori dalla finestra che richiamano quelli ritratti nel *Polittico dell'Agnello Mistico* (1426-1432) di Hubert van Eyck e Jan van Eyck. Altre influenze fiamminghe sono la biblioteca ricca di volumi e altri oggetti estremamente dettagliati, come se fosse in una rivista di arredamento, il cencio appeso, un gattino accovacciato dall'aria domestica, il leone curato dal santo, e alcuni simboli: la coturnice, che allude alla Verità di Cristo, il pavone, che ricorda l'onniscienza divina e l'eternità, e due piante in vaso, cioè un bosso, che allude alla fede nella Salvezza divina, e un geranio, riferimento alla Passione di Cristo. Il tutto ha un'aria misteriosa, sospesa ed elegante.

Tra le opere iniziate durante il soggiorno a Venezia c'è il *San Sebastiano*, la parte restante del *Polittico di San Giuliano*, di cui conosciamo pochissimo. Le fonti raccontano che al centro doveva esserci san Rocco e a destra san Cristoforo. L'iconografia del martire cristiano va molto di moda nel Quattrocento (e lo sarà, a dire il vero, anche in quelli successivi), come dimostrano le versioni dipinte, tra gli altri, da Botticelli, Cima da Conegliano, Bartolomeo Montagna e, poi, Perugino. Antonello da Messina con il suo *San Sebastiano* raggiunge il massimo: qui il gotico viene annullato a favore del Rinascimento, come se avesse assorbito la lezione dell'Alberti, che trovava il gotico insopportabile. In quest'opera si raccolgono tutte le influenze pittoriche che il siciliano ha assorbito nel suo percorso e contemporaneamente si manifestano molti caratteri moderni, tra i quali alcuni sembrano addirittura anticipare la metafisica di Giorgio de Chirico: c'è la disposizione simmetrica degli elementi sullo sfondo e del pavimento tipica di Piero della Francesca, citazioni di Andrea Mantegna (nell'uomo disteso sulla sinistra che richiama un po' il *Cristo morto* e un po' il *Trasporto del corpo di san Cristoforo* nella Cappella Ovetari), un paesaggio un po' veneziano quattrocentesco e un po' antico, le signore ai balconi e i tappeti appesi alla Carpaccio, l'uso del colore per la resa della luce tipico della pittura fiamminga e, infine, la raffigurazione dolce, morbida e soffusa del santo, alla Giovanni Bellini.

Al ritorno da Venezia, il pittore dipinge, tra la fine del 1475 e il 1476, a Palermo, dove ancora oggi è custodita, una delle sue opere più famose: l'*Annunciata*, che sembra un'incredibile premonizione della *Gioconda* di Leonardo, in versione più concettuale, con le mani sospese in un istante che è eterno. Il centro della composizione e del suo significato ruota attorno alla Vergine – una figura solitaria, riflessiva (forse segno di prefigurazione del compito importante che le affiderà l'angelo) e raccolta entro un mantello azzurro prezioso, che la incornicia e la fa emergere dallo sfondo – e in particolare alle sue mani. Quella destra, scorciata in prospettiva, sembra quasi reagire all'arrivo dell'angelo, personaggio la cui presenza è segnalata solo nell'emozione che la sua venuta suscita nella donna, mentre la sinistra chiude il velo, come se volesse ripararsi dalla figura divina.

Nonostante la fama ottenuta a Venezia e l'invito alla corte milanese di Galeazzo Sforza, nel 1476 Antonello torna a Messina, dove muore tre anni dopo. Giorgio Vasari, nel suo *Le vite de' più eccellenti pittori, scultori e architettori* (1568), riporta questo come epitaffio del pittore che era stato capace di dialogare con i grandi movimenti pittorici del suo tempo, racchiudendoli in uno splendido percorso emblematico di un Rinascimento italiano vivo e prolifico: «[...] *Non solum suis picturis, in quibus singulare Artificium et Venustas fuit, sed et quod coloribus oleo miscendis splendorem et perpetuitatem primus Italicae picturae contulit, summo semper artificum studio celebratus*», «[...] Non solo con le sue pitture, nelle quali fu singolarmente abile ed elegante, ma anche mescolando i colori con l'olio, fu il primo a contribuire allo splendore e alla permanenza della pittura italiana, ed è sempre stato celebrato con il più alto interesse degli artisti».

Antonello «vola» a Washington

Il pittore messinese dipinge una Madonna con Bambino tra il 1474 e il 1477, oggi chiamata anche *Madonna Benson*, dal nome di uno dei suoi primi «proprietari»: il banchiere e collezionista inglese Robert Henry Benson. L'opera è oggi custodita presso la National Gallery of Art di Washington DC. La Vergine indossa un abito con ricami d'oro ed è cinta da un velo azzurro che richiama quello dell'*Annunciata* di Palermo. Il Bambino, coperto da un drappo rosso e appoggiato su quella che sembra essere una balaustra, abbraccia la madre condividendo con lei un atteggiamento affettuoso: il piccolo, divertito e un po' monello, gioca con lo scollo dell'abito della Vergine, mentre lei lo asseconda teneramente, cingendolo con pacatezza. L'atmosfera famigliare ricorda le scene ritratte da Giovanni Bellini. L'orizzonte del paesaggio dietro i personaggi è punteggiato di alberi, mentre il cielo è biancastro, coperto quasi del tutto dalla nebbia.

3.

Piero della Francesca, il pittore umanista

La purezza dipinta

Appassionato di scienza oltre che di pittura, autore di trattati sulle proporzioni e sulla prospettiva, Piero della Francesca, della cui vita poco si sa, è uno degli artisti più importanti del nostro Rinascimento. Nel suo peregrinare per le corti quattrocentesche rivela la sua conoscenza della scuola fiamminga, l'attenzione al paesaggio, la precisione del dettaglio. La nitidezza e l'intensità con cui immortala Sigismondo Pandolfo Malatesta, signore di Rimini, e il suo acerrimo nemico Federico II da Montefeltro, signore di Urbino, ne fanno un umanista a tutto tondo.

Al rigore razionale del suo stile si intrecciano – nelle *Storie della Vera Croce* e nel *Battesimo di Cristo* – guizzi realisti e una grande forza simbolica. Piero è il pittore delle atmosfere sospese, del mistero quasi metafisico, che nella *Flagellazione* si esprime alla massima potenza in una complessità di rapporti numerici, figure geometriche, inversioni. Ma sa anche intercettare i gesti più umili e quotidiani, come quelli della *Madonna del Parto* che tiene una mano sul grembo e l'altra sul fianco, per darsi sollievo del prezioso peso che porta.

Piero non si accontenta di dipingere la purezza, di delineare lo spazio. Lo vuole anche riempire d'aria. Ed ecco che, nella *Madonna di Senigallia*, fra i raggi del sole che filtrano dalle finestre si intravede il pulviscolo che dà al dipinto una grande concretezza e, allo stesso tempo, richiama lo straordinario evento dell'Incarnazione. A rappresentare invece l'Immacolata Concezione è l'uovo di struzzo della *Pala di Brera*, che riassume – come solo la perfezione di un uovo può fare – la poetica del grande maestro di Sansepolcro.

Il monarca della pittura

Sublime pittore, monarca della pittura: così viene definito da Luca Pacioli (1445-1517), religioso e grande matematico, Piero della Francesca, una delle figure cardini del Rinascimento italiano. Nonostante sia un artista fondamentale del Quattrocento, di lui si conosce ben poco, a partire dalla data di nascita (collocata in un periodo tra il 1406 e il 1416, sicuramente a Borgo San Sepolcro, l'attuale Sansepolcro in Toscana) fino agli anni della sua prima formazione. Il suo nome deriva dal matronimico, in quanto il padre morì prima della sua nascita: la madre, Romana di Pierino da Monterchi, maritata Franceschi, era conosciuta anche come «la Francesca».

Dopo aver studiato grammatica, latino e matematica – alla quale si appassiona particolarmente e che porterà anche in pittura –, stimolato dal contesto culturale dinamico e vitale della sua città, Piero collabora con la bottega di Antonio d'Anghiari e successivamente, forse intorno al 1435, si reca a Firenze, da Domenico Veneziano, e lavora insieme a lui e ai suoi aiutanti alla realizzazione di affreschi sulle *Storie della Vergine* presso la Chiesa di Sant'Egidio, oggi purtroppo andati perduti. Nella città medicea il giovane pittore approfondisce la conoscenza dell'arte toscana di inizio Quattrocento, in particolare le opere di Masaccio e del Beato Angelico.

Il primo dipinto di cui si ha documentazione sicura è il *Polittico della Misericordia* (1445-1462), commissionato dalla Confraternita della Misericordia per l'altare della sua chiesa. Essendo un'opera tradizionale, Piero si attiene a quelli che sono i canoni medievali dei polittici – in particolare la suddivisione in scomparti (ventitré) e l'uso di colori preziosi, come l'oro sullo sfondo –, ma al contempo riesce ad aggiungere caratteristiche moderne: la plasticità dei corpi dei santi è già rinascimentale, i personaggi del pannello centrale – la Vergine, san Sebastiano, san Giovanni Battista, san Giovanni Evangelista e san Bernardino da Siena – rientrano tutti in uno spazio uniforme, nel quale non c'è una netta demarcazione fra gli uni e gli altri. La critica ha riconosciuto a più riprese, nell'uomo vestito di blu e rosso accanto a una figura incappucciata nel gruppo di fedeli protetti sotto il mantello della Madonna, un autoritratto del pittore. La passione e lo studio di Piero per la geometria è evidente nell'utilizzo in quest'opera di forme regolari: il mantello della Vergine è un cilindro, l'aureola e la corona sono dei tronchi di cono, molti dei visi sono ovali perfetti.

Il polittico si chiude in alto con cinque tavole rappresentanti la *Crocifissione* – con un Cristo in scorcio per una veduta dal basso e la drammaticità di Maria e Giovanni –, i santi Romualdo e Francesco, l'Angelo annunciante e la Vergine Annunciata. Le predelle sono invece dedicate all'*Orazione nell'orto*, alla *Flagellazione*, alla *Deposizione*, al *Noli me tangere* e a *Maria al sepolcro*. Il dipinto, nonostante sia tra i primi realizzati da Piero della Francesca, presenta già molte di quelle che saranno le caratteristiche del suo stile, come l'attenzione per la prospettiva, la semplificazione geometrica delle figure, un utilizzo di colori luminosi e l'impassibilità di alcuni dei personaggi ritratti.

Negli anni Quaranta del Quattrocento il pittore è colpito da un febbrile andirivieni per alcune corti e città italiane, in particolare quelle di Ancona, Urbino, Ferrara, e Rimini. Risalgono per esempio al 1450 circa *San Girolamo penitente* e *San Girolamo e il donatore Girolamo Amadi*, due opere nelle quali si può riscontrare l'interesse dell'artista per il paesaggio, per la minuziosa resa dei dettagli e per i riflessi luminosi, che denotano la sua conoscenza della pittura fiamminga. Il primo dipinto raffigura entrambe le tradizionali rappresentazioni del santo, contemporaneamente: il penitente eremita vestito solo di stracci e con un sasso tra le mani, con il quale si menerà il petto, e lo studioso, i cui simboli si ritrovano nei libri riposti nella nicchia rocciosa davanti a lui, che richiamano la sua fine attività di dotto umanista. La particolarità che distingue quest'opera dal classico Girolamo penitente è l'ambientazione: non più un deserto, bensì un paesaggio verdeggiante, fatto di alberi, di una città in lontananza e persino di un ruscello.

San Girolamo e il donatore Girolamo Amadi ritrae invece il santo, sempre con le vesti da eremita, seduto, intento a cercare di studiare un testo sacro. Perché sta *cercando*? Egli sembra quasi infastidito dalla presenza di un uomo inginocchiato accanto a lui: è il committente della tavola, Girolamo Amadi, sontuosamente avvolto da un abito rosso. In quest'opera le proporzioni gerarchiche che la tradizione assegnava tra le figure sacre-celesti e quelle profane-terrene non sono rispettate: il donatore è infatti di dimensioni maggiori rispetto a quelle del santo, ma la sua «carta d'identità» terrena è sottolineata dall'ambiente che lo circonda. Se infatti sopra al Girolamo-eremita c'è il cielo infinito, sopra all'altro Girolamo c'è la fronda di un albero.

Intorno al 1451 Piero della Francesca viene incaricato da Sigismondo Pandolfo Malatesta, temutissimo condottiero ma anche grande patrono delle arti e della cultura, di realizzare l'affresco all'interno del Tempio Malatestiano di Rimini, che vede ritratto, di profilo e con le mani in preghiera, il militare davanti a san Sigismondo, re dei Burgundi e suo protettore. Dietro di lui, all'estremità destra inferiore, ci sono due eleganti levrieri accucciati, uno bianco e uno nero, emblemi della fedeltà il primo e della vigilanza il secondo.

Il pittore realizza, sempre nel 1451 circa, un'altra opera per il suo committente, un ritratto oggi conservato al Museo del Louvre. Il Malatesta è, ancora una volta, di profilo, e si staglia su sfondo nero fieramente, come i personaggi delle monete o dei cammei. È statuario, monumentale, nobile, con lo sguardo fisso e sicuro, la postura dritta come un fuso: sembra davvero il terribile e temibile condottiero di cui tutti avevano paura. La resa precisa, minuziosa, realistica dell'opera suggerisce una matura conoscenza dell'arte fiamminga, carica di dettagli e di precisione aderente al vero.

L'artista dalla mente scientifica

Uno dei più grandi pittori del Quattrocento, ma anche uomo di scienza. Piero della Francesca ha scritto trattati matematici e di geometria prospettica: il *Trattato d'abaco*, il *De prospectiva pingendi* e il *Libellus de quinque corporibus regularibus*. Il primo, scritto forse intorno al 1450 e il cui titolo viene dato solo in epoca moderna, è interamente dedicato alla matematica applicata e alla risoluzione per via algebrica di problemi aritmetici e geometrici.

Il *De prospectiva pingendi*, del 1475 circa, è un'organica e teorica trattazione, comprensiva di codificazione, delle regole della moderna scienza prospettica. Tale è la validità e il notevole apporto innovativo, che quest'opera ha permesso a Piero della Francesca di essere usato come modello e di essere riconosciuto come uno dei padri della nuova scienza e del moderno disegno tecnico. Interamente illustrato, il libro è suddiviso in tre macrocapitoli: geometria piana, geometria solida e, infine, la costruzione di solidi complessi, elementi architettonici vari (quali, per esempio, le volte e le cupole) e, persino, le prospettive nella rappresentazione del corpo umano.

Nel *Libellus de quinque corporibus regularibus*, scritto negli ultimi anni della sua vita, quando ormai il pittore-scienziato era anziano e quasi cieco, vengono disegnati per la prima volta i poliedri regolari già descritti da Platone nel *Timeo* e quelli semiregolari, e vengono studiate le relazioni che intercorrono fra i cinque solidi regolari.

Il legame tra scienza matematica e pittura è per Piero della Francesca fondamentale e indissolubile: le proporzioni, le misure, i numeri studiati e approfonditi ricompaiono sulla tela sotto forma di bilanciamento, figure statiche e monumentali, proporzionate con precisione scientifica, e ogni loro parte riconducibile a solidi geometrici.

Una scena solenne e sospesa nel tempo

Una composizione naturale, intima, ma precisa, razionale, che segue le regole geometrico-prospettiche, densa di complessità simbolica: questo è il *Battesimo di Cristo*, la più famosa tra le opere tardo-giovanili di Piero della Francesca, realizzata per l'Abbazia di San Giovanni in Val d'Afra a Sansepolcro in una data imprecisata che si colloca tra il 1450 e il 1460.

Gesù, in piedi esattamente al centro dell'opera, sovrastato dalla colomba dello Spirito Santo, riceve il battesimo da san Giovanni, sulla sua sinistra. Cristo è rappresentato con le mani giunte in preghiera e lo sguardo umile, gli occhi che puntano verso il basso. Il corpo del colore del marmo, la posa statica e la stoffa a panneggio che lo copre gli conferiscono un aspetto scultoreo. Dietro, sulla destra, un neofita si sta spogliando, in attesa di essere a sua volta battezzato, mentre sullo sfondo un gruppo di farisei sta osservando, stupito, la colomba. Il dettaglio dell'uomo che si toglie i vestiti conferisce alla scena, di per sé intellettuale e quasi eterea, un guizzo realista.

A sinistra della composizione ci sono tre angeli: uno di loro, quello con il drappo rosa appoggiato sulla spalla, che fa capolino da dietro un albero, guarda dritto verso l'osservatore. Egli ha il compito di «festaiuolo», termine con cui nel teatro rinascimentale veniva indicato colui il quale rimaneva in scena durante tutto lo spettacolo come tramite tra il pubblico e le vicende rappresentate. Questo tipo di figure colpiscono subito e catturano l'attenzione di chi guarda, mettendo a fuoco l'azione principale, motivo per cui sono utilizzati spesso anche in pittura.

Il paesaggio, parte integrante di tutta la scena, avvolto da una luce chiarissima e diffusa che dona al dipinto un'atmosfera solenne e sospesa nel tempo, è minuziosamente descritto, denotando una chiara influenza fiamminga. La pianta dietro al neofita è diversa da quella in primo piano (un noce) posta vicino a Cristo: è meno rigogliosa e non sembra un albero da frutta, quasi a suggerire che coloro che non si battezzano hanno un destino arido, secco, non fecondo.

Sullo sfondo, al centro, Piero dipinge un borgo fortificato che assomiglia alla sua cittadina d'origine, Sansepolcro, come se questa fosse una sorta di nuova Gerusalemme. Il fiume che scorre ai piedi del Battista e del Redentore non è più, quindi, secondo questa logica, il Giordano, bensì il Tevere. Così l'evento evangelico si attualizza in qualche modo, rimanendo tuttavia una costruzione mentale scrupolosamente studiata, dove il rigore, la matematica, il rapporto aureo la fanno da padroni e danno vita a una delle espressioni più alte di chiarezza espositiva di Piero della Francesca.

Una contemporaneissima epoca passata

Una delle grandi «fortune» di Piero della Francesca è la morte, nel 1452, di Bicci di Lorenzo, pittore fiorentino originariamente incaricato dalla famiglia Bacci di affrescare l'omonima cappella contenuta nella Chiesa di San Francesco ad Arezzo. È infatti lui a prenderne il posto, e a realizzare quello che è considerato uno dei più bei capolavori di tutta la pittura rinascimentale: le *Storie della Vera Croce* (1452-1466), dai racconti della Genesi al 628 d.C., anno in cui il legno della Santa Croce, dopo essere stato rubato, fu riportato a Gerusalemme. Un'opera meravigliosa nella quale storia, mito e attualità (del tempo, s'intende) coesistono.

C'è la morte di Adamo, c'è la regina di Saba che si trova davanti a un ponticello realizzato con il legno dell'albero del bene e del male, da cui verrà ricavata la croce di Cristo, e, riconosciutane la sacralità, si inginocchia in preghiera prima di attraversarlo per incontrare il re Salomone.

Il racconto procede con il seppellimento del legno, dopo che il terzo sovrano d'Israele comprende che esso sarà causa di sofferenze per il popolo ebraico, poi con l'*Annunciazione*, e ancora con il famosissimo *Sogno di Costantino*, con l'angelo che giunge dall'imperatore la notte precedente allo scontro tra lui e Massenzio e gli annuncia che sotto il segno della croce vincerà la battaglia, descritta in un altro affresco. Questo episodio in particolare è uno degli esempi più alti di virtuosismo del pittore: la scena è dominata dalla luce, che sembra irradiarsi dal legno portato tra le mani dall'angelo in alto a sinistra in tutta la composizione.

Segue l'intenso scontro tra Costantino, Massenzio e i loro rispettivi eserciti, e il triste episodio della tortura degli ebrei nel pozzo a opera di Elena, madre di Costantino, che, venuta a conoscenza del fatto che alcuni di loro sapevano dove era sepolta la croce di Gesù, decide di tormentarli per farselo rivelare. La sacra reliquia viene quindi ritrovata nell'ottavo (cronologicamente) episodio, mentre nel nono Eraclio, imperatore d'Oriente, vince il re persiano Cosroe che l'aveva rubata. In quest'ultima scena Piero della Francesca disegna un tripudio folle di soldati, alcuni vestiti come uomini del Quattrocento, altri invece seminudi, coperti da armature che sanno di una Roma antica, ormai scomparsa.

È molto curiosa l'abilità del pittore di essere contemporaneamente ieratico e quasi verista, capace di caricare di rigore, a tratti algido, alcuni personaggi ma anche di citare i dettagli minimi e precisi della quotidianità, come i morsi dei cavalli, che sono di una precisione enciclopedica, e i nastrini di cuoio rosso che tengono insieme le parti delle armature.

Parola di Vasari

Giorgio Vasari, nel suo *Le vite de' più eccellenti pittori, scultori e architettori* (1568), si esprime così sulla cappella di Piero della Francesca e in particolare sul *Sogno di Costantino* e le battaglie contenute nel ciclo sulla Vera Croce: «[...] sopra ogni altra considerazione e d'ingegno e d'arte, è lo avere dipinto la notte et un Angelo in iscorto che, venendo a capo all'ingiù a portare il segno della vittoria a Gostantino che dorme in un padiglione guardato da un cameriere e da alcuni armati oscurati dalle tenebre della notte, con la stessa luce sua illumina il padiglione, gl'armati e tutti i dintorni, con grandissima discrezione: per che Pietro fa conoscere in questa oscurità quanto importi imitare le cose vere, e lo andarle togliendo dal proprio. Il che avendo egli fatto benissimo, ha dato cagione ai moderni di seguitarlo e di venire a quel grado sommo, dove si veggiono ne' tempi nostri le cose. In questa medesima storia espresse efficacemente in una battaglia la paura, l'animosità, la destrezza, la forza e tutti gli altri affetti che in coloro si possono considerare che combattono, e gl'accidenti parimente, con una strage quasi incredibile di feriti, di cascati e di morti. Ne' quali, per avere Pietro contrafatto in fresco l'armi che lustrano, merita lode grandissima».

Il sacro secondo Piero

Vicine cronologicamente agli affreschi della Chiesa di San Francesco ad Arezzo sono la *Flagellazione*, la *Madonna del parto* e la *Resurrezione*, tre opere di difficile datazione (forse intorno agli anni Cinquanta-Sessanta del Quattrocento).

La *Flagellazione* è una delle opere più misteriose del Rinascimento: non si conosce la committenza, la collocazione in origine (oggi è custodita presso la Galleria Nazionale delle Marche a Urbino), né il motivo per cui è stata realizzata, inoltre è ancora discussa l'identificazione delle tre figure collocate nella parte destra della tavola. Il dipinto è diviso in due scene distinte ma connesse: a sinistra Cristo, legato a una colonna, viene flagellato in presenza di Ponzio Pilato e di un paio di uomini della sua corte, sotto una loggia classica sostenuta da colonne e coperta da un soffitto a cassettoni; a destra tre misteriosi uomini conversano tra loro.

È molto curioso il fatto che la scena che dà il titolo all'opera avvenga in secondo piano, lontano dall'osservatore, mentre le tre figure sulla destra sono in primo piano, in una prospettiva che non rispetta le proporzioni gerarchiche tipiche della tradizione medievale.In quest'opera la composizione prospettica è portata ai massimi livelli di complessità e programmaticità: ovunque ci sono rapporti numerici, figure geometriche, inversioni accuratamente studiate (per esempio, all'ambiente chiuso di sinistra corrisponde uno spazio aperto sulla destra; all'arretratezza dei personaggi insieme a Cristo corrispondono gli altri, in posizione particolarmente avanzata; e, ancora, alla veste sontuosa e riccamente decorata dell'uomo a destra corrisponde il corpo seminudo di Gesù) che rivelano quanto studio abbia dedicato Piero della Francesca alla realizzazione del dipinto.

La *Resurrezione* viene realizzata tra il 1450 e il 1463 circa per una sala del Palazzo della Residenza dei Conservatori. L'affresco è oggi stato staccato ed è conservato nel Museo Civico di Sansepolcro. Qui il protagonista è un Cristo inatteso che entra nella sua nuova dimensione divina cercando di salire sulla base del suo sarcofago. Mentre i soldati sotto di lui, che dovrebbero sorvegliarlo, dormono ignari, egli, atletico, quasi sorpreso di ciò che gli sta succedendo, si erge statuario e solenne, con un piede appoggiato al basamento e l'altro ancora dentro al monumento marmoreo, con in mano il vessillo crociato, emblema del suo trionfo sulla morte.

Forte è il contrasto tra il sonno e la veglia, tra la vita terrena e quella celeste, enfatizzato sia geometricamente grazie all'inserimento della scena in un triangolo – con vertice nell'aureola del

Cristo e base sui dormienti – sia dalla resa del paesaggio sullo sfondo, per metà secco e arido, per metà rigoglioso, che sembra alludere alla redenzione dei peccati e alla nuova vita che la Resurrezione del Figlio di Dio concede agli uomini.

Per la piccola Chiesa di Santa Maria di Momentana a Monterchi, paese in cui era nata la sua mamma, Piero realizza, tra il 1455 e il 1465 circa, quando ormai è già un pittore affermato, un'opera d'arte particolare, la *Madonna del parto*, una realistica rappresentazione della Vergine visibilmente incinta. La giovane donna, collocata al centro della composizione e sotto una tenda scostata da due angeli ai lati, non ha alcun attributo regale, ma anzi è colta nel momento in cui appoggia delicatamente una mano sul ventre, atto dolcissimo che sottolinea l'importanza del Figlio che non si vede ma c'è, e l'altra sul fianco, per darsi sollievo dal peso del suo grembo, un'azione semplice, umile e comune. Altro elemento di realismo puro sono le pantofoline bianche che ella porta ai piedi, che sbucano leggermente dalla veste.

Infine, Piero si autocita: la tenda è un ambiente che ha già dipinto, nell'episodio del *Sogno di Costantino* tra gli affreschi di Arezzo. Qui curiosamente la forma del drappo che si apre svelando la Vergine viene ripresa anche nel vestito di lei, che si apre leggermente all'altezza del ventre gonfio di vita, quasi a suggerire che la tenda protegge e ripara Maria come la sua pancia è riparo per il piccolo Gesù. Ancora una volta, dunque, il pittore offre all'osservatore uno spunto di riflessione intellettuale, un gioco di non detti che alla fine, se si presta attenzione, si svelano.

Alla corte di un principe mecenate

È forse intorno al 1467 che Piero della Francesca si rimette in viaggio, questa volta verso Urbino, dove Federico da Montefeltro, che probabilmente era venuto a conoscenza del capolavoro dipinto dal maestro nella cappella aretina, gli apre le porte della sua corte e gli permette di partecipare come uno dei protagonisti al grande sviluppo culturale e artistico della città. Le opere che il pittore realizza qui entreranno ben presto tra quelle più famose, riconosciute e apprezzate dell'intera storia dell'arte: il Doppio ritratto dei duchi di Urbino (1467-1472 circa), la Madonna di Senigallia (1470-1485 circa) e la Pala di Brera (1472-1474 circa).

Nella prima, marito e moglie si guardano, l'uno davanti all'altra, su due tavole diverse ma unite dalla continuità dello sfondo naturale, effigiati di profilo come fossero personaggi principali di un meraviglioso cammeo in pittura. Federico da Montefeltro è il prototipo del principe d'allora: aggressivo, fiero, sicuro di sé a tal punto da farsi ritrarre con il famoso naso adunco e tagliato, ricordo di un incidente durante un torneo che gli aveva causato anche la perdita dell'occhio destro. La moglie, Battista Sforza, dall'aspetto così nobile e aristocratico, è ieratica, algida, acconciata secondo la moda del tempo, ricca nell'abito e negli accessori, preziosi gioielli – gemme e perle – minuziosamente rappresentati, alla guisa fiamminga. Se da un lato gli abiti e i dettagli sono resi con grande verosimiglianza, dall'altro gli stati d'animo dei coniugi non traspaiono per nulla: i due sembrano immuni da turbamenti ed emozioni.

Dietro a questo famosissimo dittico ce n'è un altro, dedicato ai Trionfi, tema caro agli umanisti sia perché evocativo dell'antica Roma sia perché citazione dell'omonima opera petrarchesca. I duchi sfilano su due carri governati da amorini e trainati da cavalli bianchi (Trionfo di Montefeltro) e liocorni marroni (Trionfo della Sforza), accompagnati dalle virtù cristiane. Federico è incoronato dalla Vittoria alle sue spalle, la quale, invece di tenere il globo terrestre in mano, è curiosamente in piedi su di esso, rischiando di scivolare. Davanti a lui ci sono la Giustizia (ritratta frontalmente, con spada e bilancia), la Prudenza (di profilo, con lo specchio), la Fortezza (con in mano la colonna spezzata) e la Temperanza (di spalle). In basso, un'iscrizione latina esalta le virtù del principe condottiero: «*Clarus insigni vehitur triumpho quem parem sum-*

mis ducibus perhennis fama virtutum celebrat decenter sceptra tenentem» («È portato in insigne trionfo quell'illustre che la fama perenne delle sue virtù celebra degnamente come reggitor di scettro pari ai sommi condottieri»).

Battista Sforza è invece ritratta mentre legge, accompagnata dalla Carità (vestita di nero con in grembo un pellicano, simbolo di sacrificio materno che dona la sua vita per la sopravvivenza dei figli), dalla Fede (vestita di arancione con in mano il calice e l'ostia), dalla Speranza (di spalle) più, come nel riquadro del marito, dalla Temperanza, che è frontale. L'iscrizione di questa parte recita: «*Que modum rebus tenuit secundis coniugis magni decorata rerum laude gestarum volitat per ora cuncta virorum*» («Colei che mantenne la moderazione nelle circostanze favorevoli vola su tutte le bocche degli uomini adorna della lode per le gesta del grande marito»).

Le due frasi suggeriscono un indizio temporale, importante anche per la datazione di questo capolavoro: quel tempo perfetto usato nella scritta per Battista, *tenuit*, indica che quella porzione di dipinto (e, con ogni probabilità, anche quella del ritratto) è stato realizzato dopo la morte della donna, avvenuta nel 1472.

Inventore della purezza dipinta, Piero della Francesca è tra i primi a sentire i limiti che la questione pone. Per lui non basta delineare lo spazio, esso va riempito con l'aria, e questo la pittura lo deve mostrare. Nella *Madonna di Senigallia*, quindi, fra i raggi del sole del meriggio che penetrano dalle finestre, appare il pulviscolo, che aggiunge una sensazione tattile all'atmosfera metafisica dell'ambiente. Alla maniera fiamminga, la luce entra a far parte della composizione, occupando un ruolo importante: crea giochi di riflessi e ombre nella nicchia, si riflette sui gioielli che indossano gli angeli e il Bambino, ma, soprattutto, assume un significato simbolico. Essa, infatti, entrando dal vetro della finestra a rondelle senza separarsi in tante piccole lamelle richiama il mistero dell'Incarnazione, che attraversa il corpo della Vergine, per il concepimento e il parto, senza violarlo.

L'opera oggi nota come *Pala di Brera*, dal nome del museo dov'è custodita, è una Sacra Conversazione ambientata in una grande architettura rinascimentale che ricorda quella di una chiesa, decorata con grandi lastre di marmo inquadrate da pilastri. Al centro, naturalmente, la Madonna, olimpica nella sua calma e assisa in trono, è in adorazione del Bambino che le dorme in grembo, circondata da una schiera di santi e angeli. Davanti, sulla destra, il committente dell'opera, Federico da Montefeltro, in scintillante armatura, ha tolto solo elmo e guanti, per pregare. Tutti i partecipanti alla scena sembrano non avere parole, e guardano ognuno un punto differente, generando una tensione carica di significati di difficile interpretazione.

In questa composizione dove regna un senso di perfezione – nei rapporti geometrici, nella prospettiva –, domina su tutto (e su tutti) l'uovo di struzzo che pende dalla conchiglia, proveniente dalle credenze medievali secondo le quali questo uccello nasceva da un uovo non fecondato esattamente come fece Gesù con Maria, quindi simbolo dell'Immacolata Concezione. Lo studio delle architetture e della geometria delle figure (i loro volti sono ovali totali) è preciso, puntuale, emblematico della passione di Piero per la matematica mentre ancora una volta, anche qui, i giochi luministici e la precisione con cui vengono raccontati gli abiti, gli oggetti (come il bastone tra le mani di san Giovanni Battista o il libro tra quelle di san Giovanni Evangelista), i gioielli (dalla tradizionale collana di corallo che porta il piccolo Gesù, dal valore apotropaico e simbolica della Passione e della Resurrezione, ai preziosi fiori di perle e gemme che ornano i capelli degli angeli) e in generale tutti i vari dettagli tradiscono, ancora una volta, lo zampino fiammingo.

La pala viene commissionata da Federico da Montefeltro e dalla moglie Battista Sforza per celebrare la nascita, nel 1472, del figlio Guidobaldo, al quale purtroppo la donna non sopravvisse. Per questo motivo, molti critici ritrovano somiglianze del volto di lei in quello della Madonna, e di quello del piccolo in quello del Bambino.

In un mondo fatto di principi e signori, di affreschi in chiesa, di dipinti commissionati, di Madonne con Bambini e personaggi del tempo, negli anni del primo Rinascimento, Piero della Francesca è un artista incontrastato e indiscusso, in grado di lasciare alla storia dell'arte alcuni dei più bei capolavori del mondo. Curiosamente, il pittore-matematico di Sansepolcro muore nel 1492, lo stesso anno in cui muore anche Lorenzo il Magnifico e in cui viene scoperta l'America. È la fine di un'era e il principio di una nuova, in cui il cambiamento, ancora una volta, è alle porte.

Influssi fiamminghi

Gli effetti luministici, la particolare attenzione rivolta ai dettagli minuziosi – soprattutto oggetti quotidiani –, la tecnica di realizzazione a olio (per la *Madonna di Senigallia*) e misto olio-tempera (per la *Pala di Brera*) suggeriscono il fatto che Piero della Francesca sia entrato in contatto con le opere fiamminghe presso la corte urbinate. L'incredibile novità apportata nel XV secolo dai nordici delle Fiandre, quali, *in primis*, Jan van Eyck, arriva come una ventata di freschezza nelle corti di tutta Europa, e finisce per influenzare e ispirare anche i pittori italiani.

4.

Andrea Mantegna: prodigio della pittura rinascimentale

Uno dei più colti pittori d'Italia

Andrea Mantegna si impone fin da subito all'attenzione dei suoi contemporanei. Si ipotizza abbia solo dodici anni quando inizia a lavorare alla *Pala di san Zeno*, a Verona, e di certo ne ha solo diciannove quando viene proclamato il più grande pittore vivente. Affrancatosi prestissimo dalla bottega di Francesco Squarcione, che adotta i suoi allievi per sfruttarli meglio, il ragazzo volge lo sguardo all'antichità e ai grandi maestri del passato e del presente.

Negli occhi ha Donatello, ma anche Giotto e la scuola fiamminga, così attenta ai particolari. Mentre Leon Battista Alberti e Brunelleschi giocano con la prospettiva, Mantegna sbarca a Venezia, sposa una sorella Bellini, incrocia le sue origini agresti con l'amore classico per la natura. E si mostra per quello che è: un artista di solida cultura antiquaria, intriso di Umanesimo, che dialoga alla pari con i suoi committenti ed è capace di veri miracoli.

Come quello della Camera degli Sposi di Mantova, la «New York» del Quattrocento, dove si inventa uno spazio che tiene insieme il dentro e il fuori e crea una delle più celebri illusioni dell'arte italiana. Un'illusione attraverso cui si vede il cielo, in una follia prospettica divertente e divertita che dà le vertigini e fa sognare. Il realismo con cui Mantegna dipinge la corte dei Gonzaga si traduce in sfrontata impudicizia quando a essere dipinto è il Cristo morto. Una rappresentazione così umana della sofferenza divina non si era mai vista da nessuna parte. E quei piedi piantati in faccia allo spettatore cambieranno per sempre la concezione dell'arte, sacra e non solo.

Un ingegno precoce

Che cos'è la mimesi in pittura? È il tentativo di rappresentare al meglio la realtà. Talvolta il risultato supera il modello grazie a una straordinaria qualità della tecnica e a un'incredibile qualità dei colori. Un racconto semplice e curioso di Plinio (*Naturalis historia*, Libro XXXV) serve a spiegare questo concetto: pare che Zeusi, pittore greco della seconda metà del V secolo a.C., avesse dipinto dell'uva così precisa e realistica che gli uccelli sbattevano contro la tela per andare a mangiarla.

Questo mondo antico si ripresenta nelle arti visive agli inizi del Quattrocento, e ciò ci permette di ripercorrere la parabola artistica e umana di quello che fu chiamato allora il più grande pittore vivente, Andrea Mantegna.

Classe 1431 circa, figlio di modesti artigiani della periferia padovana, viene messo a bottega da Francesco Squarcione all'età di dieci anni. Ambiguo personaggio, lo Squarcione: eccellente collezionista di anticaglie – quindi legato fino in fondo alla cultura antiquariale di quegli anni – ma allo stesso tempo sfruttatore dei giovani pittori che prende a lavorare con sé. Per evitare la normativa delle corporazioni di allora che tutelava un poco gli apprendisti, l'artista «adotta» i suoi allievi, che risultano sulle carte come suoi figli, e non li paga.

I giovani «per vendetta» lo superano in bravura. Il migliore è sicuramente Andrea Mantegna, con il quale si trova a litigare più volte e che conclude il suo rapporto di sudditanza con la prima nota causa legale della storia dell'arte, nella quale chiede un risarcimento in denaro per tutti i dipinti realizzati per conto del maestro. È il 1448 e il giovane artista è finalmente indipendente.

Nello stesso anno entra nella squadra di pittori – fra i quali i più maturi e tradizionali Antonio Vivarini e Giovanni d'Alemagna e il più giovane e moderno Nicolò Pizzolo, padovano come lui – incaricati da Imperatrice Ovetari della decorazione dell'omonima cappella nella Chiesa degli Eremitani a Padova. Il progetto iconografico prevede una serie di scene di *Storie della Passione di Cristo* (mai realizzate), *Storie di san Cristoforo* e *Storie di san Giacomo maggiore*. Gran parte della decorazione è purtroppo andata distrutta nella Seconda guerra mondiale, ma si può ancora osservare una parte delle *Storie di san Cristoforo*, come il *Martirio e trasporto del corpo decapitato*.

La lezione di Donatello

Tra il 1444 e il 1447 Donatello realizza la sua prima opera padovana, il *Crocifisso della basilica del Santo*, un capolavoro di scultura bronzea collocata oggi sull'altare del Santo nella Basilica di Sant'Antonio: precisione anatomica, studiate proporzioni, intensità espressiva della sofferenza del Cristo, incredibile resa dei minimi dettagli – come i peli della barba e i capelli. Dal 1446 al 1453 il maestro lavora inoltre all'altare maggiore della stessa chiesa, realizzando un ricco gruppo scultoreo in bronzo inserito in una struttura architettonica purtroppo oggi andata perduta. Egli è esaltatore di una classicità in fase di scoperta, sacerdote di qualità fiorentine che stanno per espandersi attraverso l'Italia, esperto del bronzo, delle sue patine e delle sue dorature, capace di trasformare il bassorilievo in un percorso di *trompe l'œil* architettonico passando dal marmo al bronzo e di dare vita moderna a un linguaggio antico grazie a un uso sapiente della tecnica della cera persa. L'altare maggiore di Donatello ispira la rivoluzione che Mantegna, Nicolò Pizzolo e i pittori di quegli anni attivi nell'area padovana riassumono nella formula *pingere in recenti*, cioè dipingere alla maniera moderna.

Qui ci sono tantissimi elementi compositivi, molti dei quali richiamano la classicità e alcuni grandi maestri: la voglia di una simmetria totale articolata attorno alla colonna centrale; il racconto di tutto ciò che all'epoca si può sapere dell'antichità – bassorilievi e colonne, porfidi multicolore –; i volti umanissimi dei personaggi ritratti, dei quali Mantegna dipinge, alla maniera giottesca, anche i denti. Il presente usa il passato a mo' di sostegno, come si può vedere dalla commovente pergola presa in prestito dal mondo bucolico-agreste delle umili origini del Mantegna, che però si infila con ferocia in un muro che rappresenta l'antichità. Gli annunci di architettura traggono la loro origine dalle strutture dipinte da Giotto centocinquant'anni prima, poi da Leon Battista Alberti e dalle sue colonne, ma prevedono già alcuni futuri lavori, come la *Città ideale*.

L'affresco è diviso in due dalla colonna dipinta: a sinistra il fulcro della narrazione è la scena raccapricciante della freccia che viene scagliata dall'alto nell'occhio del giudice che ha condannato san Cristoforo, incorniciata da una lussuosa finestra di un palazzo, mentre a destra il corpo del santo trasportato è enorme e sembra anticipare la prospettiva del *Cristo morto*. Sono gli anni Quaranta del Quattrocento, nei quali Leon Battista Alberti esaspera fino in fondo le teorie della prospettiva e Filippo Brunelleschi le dimostra al pubblico.

Un'opera per i monaci benedettini

Mentre si occupa della Cappella Ovetari, nel 1453 Mantegna riceve la commissione del *Polittico di san Luca*, destinato all'altare maggiore dell'Abbazia di Santa Giustina, sempre a Padova, e oggi conservato alla Pinacoteca di Brera di Milano. Diversamente dalle pale che realizzerà più tardi, in questo caso il pittore rimane ancorato a un formato tradizionale gradito alla committenza, cioè un polittico impostato su due registri e diviso in dodici scomparti.

Il suo genio creativo cerca comunque di virare verso una qualche forma di modernità: pur mantenendo la separazione dei personaggi distribuiti nelle caselle, unifica lo spazio pittorico attraverso un basamento uniforme (entro il quale sono collocati i santi della fascia inferiore) dipinto come fosse di marmi policromi, e un utilizzo di prospettiva scorciata per la resa delle figure nella parte superiore. Al centro, proporzionalmente più grande di tutti gli altri, si trova l'evangelista Luca, sul trono, impegnato nella scrittura. Mantegna compie qui un esercizio di bravura: disegna il libro su uno scrittoio di legno a sua volta appoggiato su un tavolino di marmo policromo, e nell'incavo tra questi due inserisce una serie straordinaria di dettagli: l'inchiostro colorato nel calamaio, la lucerna, altri volumi. È il virtuosismo pittorico di un artista che è a conoscenza della grande scuola fiamminga.

Altari preziosi

A Venezia, città nella quale va per la prima volta con Squarcione per poi tornarci in autonomia, Mantegna entra nella famiglia dei Bellini – pittori ufficiali della Serenissima inseriti radicalmente nel mondo dell'Umanesimo – sposando a metà del Quattrocento (1453 o 1454) Nicosia, figlia di Jacopo e sorella di Gentile e Giovanni. Scopre così un mondo chic dove i committenti parlano con gli artisti, si fanno consigliare, a differenza per esempio di Firenze, dove di solito indicano solo ciò che deve essere fatto. Mantegna ha ventidue anni, ma già tre anni prima Ulisse degli Aleotti, notaio e letterato, lo ha definito «il maestro che sa scolpire in pittura. Il più grande pittore vivente».

Nella storia del giovane artista occupa un posto di rilievo Gregorio Correr, nipote del cardinale Antonio e pronipote di papa Gregorio XII. Veneziano coltissimo raffinatosi nella scuola mantovana di Vittorino da Feltre – l'eccelso umanista –, quando Mantegna ha dodici anni lo prende in simpatia e lo introduce nei meandri della cultura antiquariale lato libri, non solo lato oggetti. Nel 1443 il futuro patriarca di Venezia diventa abate di San Zeno, a Verona, carica che gli lascia in eredità lo zio cardinale. Con Mantegna continuerà però per anni a intrattenere rapporti. È infatti proprio per la basilica veronese che il pittore realizza la *Pala di san Zeno* (forse 1443-1459 circa), suo grande capolavoro della giovinezza nonché la prima pala d'altare rinascimentale realizzata nell'Italia del Nord.

Quest'opera è suddivisa in tre pannelli principali – raffiguranti la Madonna con il Bambino circondata da angeli, san Pietro, san Paolo, san Giovanni Evangelista, san Zeno, san Benedetto, san Lorenzo, san Gregorio Magno e san Giovanni Battista – e tre predelle: l'*Orazione nell'orto*, la *Crocifissione* e la *Resurrezione di Cristo*. Mantegna si mette alla prova anche nella progettazione della cornice lignea per la pala, tutt'ora visibile. Essa ricorda la facciata di un vero e proprio tempio all'antica e si ispira a ciò che Donatello aveva realizzato per il suo Altare del Santo. Alle spalle dei personaggi, nei pilastri che sostengono il tempio, Mantegna mostra ancora una volta la sua erudizione in ambito antiquariale – medaglioni istoriati, riferimenti a miti pagani e simbologie antiche –, che lo ha trasformato da semplice artigiano in uno dei più colti pittori d'Italia.

La pala è stata requisita da Napoleone e portata in Francia, dove si trovano ancora le tre predelle (la *Crocifissione* al Louvre e le altre due al Musée des Beaux-Arts di Tours), mentre i pannelli sono stati restituiti alla Basilica di San Zeno. È interessante soffermarsi in particolare sulla *Crocifissione* per alcuni suoi dettagli che non possono non commuovere: il grido di san Giovanni, il dolore inconsolabile della Vergine, il soldato in piedi e un altro in primo piano, nella parte bassa del dipinto, che sembra già totalmente cinematografico. Il particolare del cavallo visto da dietro è molto simile a quello che Pisanello realizza nell'affresco per la Chiesa di Sant'Anastasia a Verona, nel quale si vedono anche una signora elegantissima, un cane e una serie di elementi – come le architetture e gli inserti fitomorfi – che Mantegna recupera per la sua Camera degli Sposi a Mantova.

La pala conserva un piccolo dettaglio curioso: nel pannello centrale si legge una data: 1443. Secondo un'intelligente teoria dello storico dell'arte Sergio Marinelli, questo 1443 – Mantegna ha dodici anni – potrebbe corrispondere all'anno di inizio dell'opera, la quale viene ultimata sul finire degli anni Cinquanta, quando il pittore è ormai trentenne. I due periodi temporali corrispondono a tutto il percorso di maturazione dell'artista: dagli angeli che ricordano i pupazzi tipici della produzione giovanile, alla sensibilità drammatica della fase successiva proposta nel volto di Cristo in croce. Il bambolotto-angelo diventa un adulto che soffre, cioè san Giovanni, mentre la Madonna nella parte centrale della pala è ritratta come una delicata bambola e nella *Crocifissione* è svenuta in un dolore di pietra fra le braccia delle pie donne.

Il «Prosepio de Andrea Mantegna»

Tra il 1450 e il 1451 Mantegna dipinge l'*Adorazione dei pastori*, una tavola – successivamente trasferita su tela – di piccole dimensioni che la critica ritiene commissionata da Borso d'Este, marchese (e poi duca) di Ferrara, presso la cui corte il pittore soggiorna proprio in quegli anni. La scena, ambientata in uno spazio aperto, ritrae, da sinistra, Giuseppe addormentato, Maria con le mani giunte che osserva il Bambino circondato da cherubini e serafini, due poveri pastori pronti a genuflettersi

al cospetto di Gesù e altre figure sullo sfondo. I due bifolchi hanno volti un po' rudi, quasi grotteschi ma estremamente dettagliati (con rughe e, uno dei due, con il labbro leporino) e vesti stracciate. I colori usati per rappresentarli richiamano l'arte fiamminga e risultano in contrasto con la delicatezza e la nobiltà di Giuseppe e della Vergine.
L'opera ha avuto una vita movimentata: sembra che Margherita Gonzaga l'avesse nella sua collezione nel 1586 (sotto il nome di «Prosepio de Andrea Mantegna»), poi passa alla famiglia Aldobrandini di Roma, in seguito entra nella collezione Pamphili e successivamente in quella del cardinal Borghese. Alla fine del Settecento arriva sul mercato britannico, per poi essere venduta nel Novecento a un privato newyorkese che quindi la dona al Metropolitan Museum of Art, dove ancora oggi è custodita.

Quarant'anni dopo Mantegna realizza un'altra pala famosa, originariamente pensata per la Chiesa di Santa Maria in Organo a Verona, e oggi conservata nella Pinacoteca del Castello Sforzesco a Milano: la *Pala Trivulzio* (1497). Diversamente dalla *Pala di san Zeno*, qui la Madonna sembra di porcellana e il Bambin Gesù leggermente buddista – per via di una collana che ricorda il Mala tibetano – mentre i cherubini sono evoluti e cresciuti rispetto al passato, e ora sono più metafisici che mai. Un quadro incredibile della fine del Quattrocento che passa indenne attraverso tutto il XVI secolo e sembra ricomparire agli inizi del Seicento nelle dolcezze di Guido Reni.

Un curioso amuleto

La *Madonna della Vittoria* (realizzata nel 1496 per Francesco II Gonzaga) e la *Pala Trivulzio* hanno un dettaglio in comune:

nella prima opera pende da un pergolato di foglie e frutta un grosso corallo rosso, che si ritrova in piccolo, in versione collana con pendente, al collo del Bambino nel secondo dipinto. Questo particolare curioso è in realtà una costante iconografica presente in molte raffigurazioni sacre del Quattro e Cinquecento, recuperata dalla tradizione popolare e riproposta in pittura. È presente infatti, per esempio, anche al collo del Bambino nella *Madonna di Senigallia* (1470-1485) e nella *Pala di Brera* di Piero della Francesca (1472-1474), così come nella *Madonna col Bambino* di Jacobello da Messina (1480). Lungi da essere un mero oggetto ornamentale, il corallo era in realtà ritenuto un amuleto contro gli influssi maligni, e messo al collo di neonati e bambini piccoli per proteggerli da ogni male. In particolare, il colore rosso sangue richiama la vita e la Passione di Cristo, motivo per cui il talismano dei dipinti sacri ha questa tinta.

Follie prospettiche alla corte dei Gonzaga

Andrea Mantegna arriva in quella incredibile «New York del Quattrocento» che è la Mantova del marchese Ludovico III ancora una volta, sembra, grazie a Gregorio Correr, il quale aveva conosciuto il giovane Gonzaga alla scuola di Vittorino da Feltre. La città sul Mincio è un ambiente rigorosamente ghibellino, perché per diventare marchesi e, successivamente, duchi è necessario il sostegno dell'imperatore. Ludovico III sposa infatti, nel 1433, la giovanissima Barbara di Brandeburgo, nipote del sovrano del Sacro romano impero Sigismondo, una delle donne più raffinate e colte dell'epoca.

Grazie all'attenzione che la corte dei Gonzaga riserva alla cultura e all'arte, Mantova è uno dei centri più vitali del Rinascimento italiano. Di tutta quell'epoca gloriosa sotto Ludovico e sua moglie la testimonianza più magnifica rimane la Camera degli Sposi, che Andrea Mantegna, diventato pittore ufficiale del casato nel 1460, realizza tra il 1465 e il 1474, presso il Palazzo Ducale.

Il tema di questa *Camera picta* (ovvero «camera dipinta»), come viene definita nel corso dei secoli, è la celebrazione del prestigio politico raggiunto dalla famiglia Gonzaga sotto la guida del marchese. I personaggi sono inseriti in un paesaggio naturale e architettonico che sembra realistico, ma che in realtà è la sommatoria di tutte le manie antiquariali dell'epoca – capitelli, pilastri, festoni, medaglioni in cui sono raffigurati imperatori romani, panoplie, miti classici – dipinte con la tecnica del monocromo. Dettagli di una Roma antica in un dipinto moderno: le Mura Aureliane, il ponte Nomentano, la piramide di Cestio, il teatro di Marcello, il Colosseo, Castel Sant'Angelo in versione riletta e sublimata.

Fra le tante innovazioni legate al gusto dell'epoca ce n'è una in particolare che è molto significativa perché lega Mantegna alle esperienze di Leon Battista Alberti. La scena della Camera degli Sposi avviene all'interno di una stanza dalla quale si guarda fuori. L'estro creativo del pittore alla corte dei Gonzaga è sorprendente, perché tutta la narrazione avviene in un'illusione, come se l'osservatore invece di essere fra quattro muri stesse in uno spazio che è sia interno sia esterno, dove passa l'aria, dove soffia il vento e dove si vede fuori, oltre le colonne dell'architettura. Due pareti hanno i tendaggi chiusi, mentre le altre due no. La parete nord presenta il ritratto collettivo della *corte*, con il marchese e la moglie attorniati dai figli e da altri personaggi, come la nana che guarda l'osservatore. Alcuni critici hanno interpretato questa scena come il momento in cui Ludovico III viene informato dell'aggravarsi delle condizioni di salute di Francesco Sforza (1461), e in quanto comandante della truppa del ducato decide la partenza per Milano. Sulla parete ovest è raffigurato invece l'incontro tra Ludovico e il figlio Francesco, appena eletto cardinale. Sullo sfondo, due particolarità: a sinistra la visione ideale del marchesato di Mantova, mentre a destra una veduta di Roma, che rappresenta l'amore di Mantegna per l'antico e sembra essere il modello di città classica secondo i canoni rinascimentali. La resa delle varie figure è realistica, così come lo è quella degli animali, cavalli e cani, simbolo della passione per la caccia che diventa segno del potere, e perfino dei putti alati, che hanno coloratissime ali da farfalle. Mantegna eleva la cronaca degli eventi che sta vivendo a dimensione di verità storica, come dimostra la precisione massima e dettagliata degli abiti e delle calzature – che riprendono la moda dell'epoca –, e delle caratteristiche fisiognomiche dei Gonzaga.

Il gioco prospettico delle pareti e il dialogo tra un finto esterno e un finto interno vengono portati fin sul soffitto, che guarda direttamente verso l'alto dei cieli, in una sorta di pozzo al rovescio. La stessa follia prospettica che fra pochi anni andrà a costituire il disegno architettonico della Casa di Mantegna, sempre a Mantova. Nell'oculo della volta tutto è in bilico e dà una leggera sensazione di vertigine: i putti birichini potrebbero cadere da un momento all'altro, forse addirittura lo desiderano – cercano di scavalcare le ringhiere, ci rimangono impigliati, ci giocano preoccupati –, e mentre tre fanciulle dall'occhio bizzarro si divertono altre due figure rischiano di rovesciare sugli astanti un cesto di agrumi in precario equilibrio. La Camera degli Sposi è dunque una perfetta rappresentazione di un mondo assolutamente sofisticato, quello fra l'autunno del Medioevo e l'esplosione del Rinascimento.

Un Cristo in scorcio

L'abilità di Mantegna nell'utilizzare lo scorcio prospettico rivelata nella realizzazione dei personaggi dell'oculo della *Camera picta* viene portata ai massimi livelli nel *Cristo morto*, opera di datazione incerta (1470-1474 o 1483 circa) che si trova nella bottega dell'autore anche dopo la sua morte (1506), dettaglio che fa pensare che il quadro sia stato inizialmente pensato per la devozione privata dell'artista.

In questa famosissima tela che oggi si ammira alla Pinacoteca di Brera Cristo è raffigurato straordinariamente umano: il suo corpo, caratterizzato dal *rigor mortis*, è deposto sulla pietra dell'unzione ed è vicinissimo al dolore fisico che si osserva sui volti di san Giovanni, di Maria e di un'altra figura, forse la Maddalena, che si vede poco e di cui si nota soltanto l'urlo che le fa schiudere la bocca. Per la prima volta nella storia della pittura ci si trova davanti a un'immagine di sfrontato realismo e impudicizia – basti pensare alle forme di Cristo che vengono messe in risalto dal panneggio e alla scelta di collocare in primo piano i piedi del Salvatore –, in cui Mantegna riflette sulla sofferenza umana, enfatizzata dai volti digrignati e sconvolti dal dolore.

Antichità riscoperte

Nel 1478 muore Ludovico Gonzaga, gli succede il figlio Federico I, che rimane in carica fino al 1484, quando gli subentra Francesco II. Il giovane, famoso per le sue valenti imprese militari, è soprannominato da molti *Novo Cesare* e per questo commissiona all'amato pittore di corte, nel 1485 circa, il ciclo dei *Trionfi di Cesare*, ambizioso progetto di nove tele ispirate alla pittura trionfale dell'antica Roma, a cui Mantegna si dedica con grande passione fino agli anni Novanta del Quattrocento. Il corteo, che si conclude nel nono dipinto con il dittatore romano sul carro, raffigura trombettieri, macchine belliche, bottino di guerra, animali sacrificali, prigionieri, buffoni, portainsegne, musici; il tutto è una perfetta esaltazione solenne di un mondo antico e lontano, ma con una narratività moderna e movimentata.

A partire dal 1495 Andrea Mantegna si dedica alla realizzazione di dipinti a tema biblico a grisaglia, che si rifanno alla scultura monocroma in pittura. Le grisaglie sono un'espressione linguistica, visiva, estetica e pittorica che spiega moltissimo del suo lavoro. La sua pittura «scolpita» proviene dal gusto per l'antichità, nonostante il passato si riveli quasi esclusivamente attraverso la scultura, senza lasciar traccia di come si dipingeva negli anni dei greci e dei romani.

Sempre nello stesso periodo, il pittore padovano dipinge la Sacra Famiglia con i santi Elisabetta e Giovanni Battista (1490), in cui, come in altre opere di analogo soggetto, i personaggi sono tutti in primo piano, il *Cristo in pietà sorretto da due angeli* (1495-1497), nel quale la pittura, raffinatissima, sembra quasi una miniatura e il Cristo è marmoreo quasi come il basamento su cui è appoggiato, e la *Sacra Famiglia con sant'Anna e san Giovannino* (1495-1505), nella quale si può notare una curiosa rappresentazione di un san Giuseppe calvo che ricorda Platone, e di un piccolo Battista che torna a essere un bambolotto simile a quelli dei primi dipinti di Mantegna.

Geometrie perfette

Iniziata nel 1476 la Casa del Mantegna è stata usata dal pittore forse come studio e abitazione fino al 1502. Il progetto dell'edificio presenta una pianta geometricamente perfetta: il cerchio del cortile è incluso nel quadrato del corpo della casa secondo proporzioni regolate dalla sezione aurea. Le stanze sono collegate da un percorso circolare e si affacciano tutte sul patio, con richiamo dell'*atrium* delle *domus* romane. Il tondo di cielo affrescato della Camera degli Sposi si apre all'interno di uno spazio quadrato nello stesso modo in cui il cielo vero entra nel cerchio della corte ed è inscritto nel quadrato dei muri della casa.

L'artista fra i più importanti del Rinascimento muore nel 1506 e viene sepolto in una cappella della Chiesa di Sant'Andrea a Mantova progettata da Leon Battista Alberti. Mantegna aveva ideato temi e iconografia di molte delle decorazioni che ancora oggi si trovano nell'edificio, cercando di affidare loro il manifesto della sua arte e del suo percorso artistico. Alcuni dipinti sono stati realizzati da lui, come la *Sacra Famiglia e famiglia del Battista* (1504-1506 circa), mentre altri dalla sua bottega, guidata dal figlio Francesco e da Correggio.

La sua scomparsa ha avuto grande eco fra i suoi contemporanei, come Albrecht Dürer, che scrive di aver provato il più grande dolore della sua vita.

Uno spazio di riflessione

Francesco II sposa la sedicenne Isabella d'Este nel 1490. La giovane decide di far costruire, all'interno del suo appartamento presso Castello San Giorgio, uno spazio intimo concepito per la riflessione e l'immersione nella cultura, su modello degli studioli presenti in vari palazzi nobiliari.

Lo Studiolo è anche un luogo dove la marchesa consorte colleziona opere d'arte. Mantegna realizza infatti per lei due tele: il *Parnaso* (1497 circa) e il *Trionfo della Virtù* (1502 circa), oggi conservati al Museo del Louvre. La prima opera mostra l'amore fra gli adulteri Venere e Marte, circondati da altre divinità dell'Olimpo; l'intera scena è in linea con il Classicismo di fine Quattrocento anche per l'attenzione minuziosa ai dettagli, come il pelo di Pegaso impreziosito da gemme e la precisione degli abiti di Mercurio.

Il *Trionfo*, che fa da pendant al *Parnaso*, è un'immagine imponente, vibrante, fremente e movimentata della Minerva che scaccia i Vizi dal giardino della Virtù. La dea e i Vizi sono raffigurati di profilo, come se fossero medaglie, mentre i cherubini sono vere farfalle rumorose che ricordano i putti della *Camera picta*, e il giardino fra le rovine diventa una vera e propria, nuova, architettura. Di difficile interpretazione è la montagna protoromantica, di influenze nordiche, che incombe sulla parte sinistra del quadro: per alcuni critici sembra quasi il testamento del pittore.

5.
Leonardo: genio della pittura, dell'invenzione e della ricerca

Leonardo, uomo di ogni tempo

Prendete un ragazzo estroso, figlio illegittimo di buona famiglia, che si mostra poco incline allo studio, scrive al rovescio, inciampa sul latino. Mandatelo quindi a bottega da un pittore, nel cuore pulsante del Rinascimento. Immaginatevelo sempre più insofferente a vecchie e nuove tradizioni, a ingenue distinzioni tra teoria e pratica, impegnato a inventare feste, ad acquarellare poliedri, ad anticipare una nuova arte della guerra. E vedrete nascere un genio, tanto più geniale quanto anarchico, libero, sperimentatore.

Leonardo, l'artista più amato, lo scienziato più pazzo, il creatore più spericolato, si rivela nelle sue opere e nei suoi appunti, nei suoi sorrisi e nelle sue rocce, nelle sue macchine e nei suoi bozzetti. Ostile a qualsivoglia regola, appassionato di ingranaggi, ma anche di corpi in movimento, è capace di trasformare una rappresentazione sacra in un giocoso incontro di bambini, l'impennarsi di un cavallo in un mistero di equilibrio, un austero refettorio in un miracolo che si rinnova cena dopo cena.

La sua prospettiva mescola mille stili affonda nel Medioevo e anticipa il Barocco, quando non addirittura architetture del primo Novecento. Le ali degli angeli convivono con le pale d'elicottero, i volti degli apostoli sono un atlante figurato delle emozioni umane, piante e fiori innalzano un inno gioioso alla natura. La fiducia nell'uomo, ponte tra terra e cielo, lo rende irresistibilmente presente al proprio – e a ogni – tempo. Felice di usare le mani per dare concretezza a quello che pensa e per rendere reale quello che sogna.

A casa del Magnifico

È Leonardo da Vinci l'uomo barbuto che dà il volto al grande filosofo Platone nella Scuola di Atene di Raffaello? Probabilmente sì, è lui: l'artista, l'ingegnere, lo scienziato, l'inventore, il visionario, l'uomo dall'infinita quantità di codici.

Egli è un giovane bello e alternativo quando va a lavorare nello studio del Verrocchio, nella Firenze medicea dove gli intellettuali umanisti indicano agli artisti ciò che devono dipingere.

Gli artisti che frequentano il circolo di Lorenzo il Magnifico appartengono a una cultura criptica, non vengono capiti da nessuno. In realtà parlano fra di loro, e forse questa è la ragione per cui quella corte è poi collassata: proprio perché squisitamente autoreferenziale.

La prospettiva

Il tema della prospettiva è inaugurato da Brunelleschi all'inizio del Quattrocento, con un gioco: egli entra nel Duomo di Firenze e guarda il Battistero di San Giovanni di fronte a lui. Riproduce su una tavoletta l'edificio in tutti i suoi particolari e, per provare che il dipinto coincide con l'immagine vera, fa un buco sulla tavoletta in modo che l'occhio dell'osservatore possa far coincidere le due cose. Pone uno specchio dinanzi alla sua opera così che l'osservatore la possa vedere riflessa: essa è come il Battistero appena visto. Così riesce a dimostrare che si può raffigurare l'architettura proprio come nella realtà, seguendo alcune linee precise che ne determinano il

disegno: sono le linee della prospettiva che si vedono partendo dal punto di vista centrale, denominato in seguito «punto di fuga».
Leon Battista Alberti trasforma l'esperimento in teoria. È il primo a parlare con precisione del punto come minima dimensione possibile, quasi come l'atomo per la filosofia greca, e della linea come conseguenza del punto. Leonardo collezionerà nella sua biblioteca i libri che parlano dell'argomento.

Oltre la tradizione

Nella Firenze medicea coesistono e si intrecciano due correnti di pensiero: l'idealismo neoplatonico di Marsilio Ficino e Pico della Mirandola e la componente sperimentalista di chi studia i movimenti del corpo, il flusso del sangue, di chi seziona cadaveri. Leonardo appartiene a quest'area culturale di sperimentatori, di «notonisti», come si chiamavano all'epoca. Essi vogliono capire come funziona la macchina umana e quella più grande che è l'universo.

Questo è il clima della bottega del Verrocchio, nella quale cresce il giovane da Vinci, un tipo bizzarro e particolare, figlio di un grande ragioniere dello Stato, poco incline allo studio. Risultati pessimi in latino e nessuna predisposizione per la matematica, costretto o invitato dal padre a lavorare con le mani, cosa che però sa fare bene.

In quel laboratorio artistico Leonardo in realtà rema contro da parecchio tempo, ostile a una pittura carica di intellettualismi neoplatonici, cercando di smontare la prospettiva ormai dominata da tutti per farne qualcosa di diverso.

Un esempio è fornito dall'*Annunciazione* (a lui attribuita, databile tra il 1472 e il 1475): gli elementi architettonici sono qui disegnati secondo le regole prospettiche con punto di fuga centrale, ma alcune anomalie riscontrabili nella figura della Vergine, il cui braccio destro appare troppo lungo, rispecchiano precoci ricerche di ottica da parte del giovane artista, che avrebbe tenuto conto del punto di vista laterale e ribassato dovuto alla collocazione originale della tavola dipinta, cioè sopra l'altare laterale di una chiesa. Rispetto agli accumuli di personaggi nei dipinti dei suoi colleghi, nell'*Annunciazione* tutto avviene al minimo delle presenze: ci sono solo l'angelo e la Vergine.

Dieci anni dopo essere entrato dal Verrocchio, con l'*Adorazione dei Magi* del 1482 il percorso anarchico di Leonardo è quasi compiuto. Egli, infatti, sovverte l'ordine degli altri artisti e inventa questo dipinto che contiene tutto, e che sembra già un taccuino dei suoi futuri appunti sulla pittura, sulla natura e sul corpo umano: Magi adoranti che sembrano vecchi terribili, una Vergine che sembra già tra le rocce, cavalli imbizzarriti che trottano in un paesaggio inatteso e architetture catastrofiste da grande cinema moderno. Ma l'opera non viene terminata: da Vinci va via da Firenze verso nuovi stimoli.

Molti degli artisti del circolo fiorentino si sono trasferiti a Roma a lavorare per papa Sisto IV, mentre Lorenzo il Magnifico invia Leonardo dal suo grande amico Ludovico il Moro, a Milano.

A Firenze da Vinci lascia quindi incompiuti molti lavori, come il *San Girolamo*, geniale nell'espressività e nell'assetto compositivo. La costruzione figurativa dello spazio, lo studio attento dell'anatomia umana, la ricerca del dinamismo corporeo e l'intensità psicologica che ne deriva sono tratti inconfondibili dell'artista. L'incredibile versatilità di Leonardo si traduce anche nella particolare tecnica esecutiva di quest'opera: il dipinto, caratterizzato in molte parti dal non finito, è una tempera a olio su tavola in cui il colore è stato steso sia con il pennello sia con le dita, per ammorbidire i contorni netti delle figure, come si può vedere dalle impronte che il maestro ha lasciato nell'impasto fresco dei colori.

Leonardo non viene chiamato per l'impresa della Sistina nel 1481 perché tutti sanno che è un teorico, uno sperimentatore che vuole inventare tecniche nuove, mentre il papa pretende che il lavoro sia fatto al meglio e in breve tempo. I colleghi di da Vinci sono professionisti che lavorano «a cottimo»; i vari Botticelli, Perugino, Signorelli non possono dunque portarsi dietro uno come Leonardo. E lui, probabilmente, non ci sarebbe neanche andato: non è quello che desidera, non è quello il suo mestiere.

Da Vinci e Buonarroti

All'inizio del Cinquecento Leonardo e Michelangelo vengono chiamati per la realizzazione di due grandi affreschi nel Salone dei Cinquecento di Palazzo Vecchio a Firenze. Le decorazioni avrebbero dovuto celebrare le vittorie della Repubblica fiorentina. Leonardo comincia a dipingere la *Battaglia di Anghiari*, mentre a Michelangelo viene destinata un'altra porzione di parete per la *Battaglia di Cascina*.
I due maestri del Rinascimento lavorano così per un certo periodo faccia a faccia, ma né l'una né l'altra opera viene completata: Leonardo sperimenta la tecnica dell'encausto, che si rivela disastrosa, rovinando irrimediabilmente l'affresco, mentre Michelangelo si ferma al cartone, prima di partire per Roma chiamato da papa Giulio II. Entrambe le opere originali sono andate perdute, ma ci sono pervenute delle copie e dei disegni preparatori. Questi abbozzi generarono i due nuovi stili del Rinascimento: quelli di Leonardo inaugurarono un gusto sfumato e in qualche modo postprospettico, quelli di Michelangelo una nuova espressione muscolare e fisica.

Un carattere forte

Leonardo viene mandato a Milano come musico, inventore di feste e stramberie e come creatore di curiose macchine belliche. Ma sta già sviluppando un suo carattere.

In primo luogo ridiscute la questione della prospettiva. Quando si guarda un quadro perfettamente equilibrato secondo le regole della prospettiva, succede un fatto clamoroso: non sembra reale. Alla questione lineare se ne aggiungono sicuramente delle altre: fra un oggetto vicino e uno più lontano, quest'ultimo viene visto in modo più confuso rispetto a quello che si ha davanti. La «prospettiva aerea», i cui studi vengono iniziati proprio da Leonardo, si fonda sulla scoperta che l'aria gioca un suo ruolo: essa non è un mezzo del tutto trasparente, ma con l'aumentare della distanza dal punto di osservazione i contorni divengono più sfumati, i colori sempre meno nitidi. Da Vinci, di conseguenza, nella sua pittura rende gli oggetti con colori sempre più tenui in funzione della distanza.

Nei suoi appunti, raccolti nei codici, appaiono varie ipotesi:

> La prospettiva, la quale si estende nella pittura, si divide in tre parti principali, delle quali la prima è della diminuzione che fanno le quantità de' corpi in diverse distanze; la seconda parte è quella che tratta della diminuzione de' colori di tali corpi; la terza è quella che diminuisce la notizia delle figure e de' termini che hanno essi corpi in varie distanze.

Inoltre, Leonardo comprende che la prospettiva non può finire in un punto unico, poiché l'occhio non è un punto ma è una grande lente. Tanti stimoli visivi la colpiscono e si sviluppano secondo la sua forma.

In seconda istanza, Leonardo non si sente soltanto un «meccanico». La cultura di quegli anni prevede da un lato le arti liberali, quelle che preparano allo studio della legge e alla vita civile dell'intelletto. Si fondano sul trivio, cioè lo studio della grammatica, della retorica e della dialettica, e sul quadrivio, dove si approfondisce l'aritmetica e la geometria, due campi che aprono la porta dell'astronomia e della musica. Questo è il mondo delle arti liberali, che verrà aperto successivamente anche alla medicina e all'architettura. Le arti meccaniche – pittura, scultura e oreficeria – sono invece manuali. Leonardo non tollera questa distinzione liberale vs meccanico perché sostiene che con le mani si possa rendere reale quel che si origina nella fantasia.

Terzo punto fondamentale della sua personalità: la pittura prima di tutto.

> Il pittore è padrone di tutte le cose che possono cadere in pensiero all'uomo, perciocché s'egli ha desiderio di vedere bellezze che lo innamorino, egli è signore di generarle, e se vuol vedere cose mostruose che spaventino, o che sieno buffonesche e risibili, o veramente compassionevoli, ei n'è signore e creatore. E se vuol generare siti deserti, luoghi ombrosi o freschi ne' tempi caldi, esso li figura, e così luoghi caldi ne' tempi freddi. Se vuol valli, il simile; se vuole dalle alte cime di monti scoprire gran campagna, e se vuole dopo quelle vedere l'orizzonte del mare, egli n'è signore; e così pure se dalle basse valli vuol vedere gli alti monti, o dagli alti monti le basse valli e spiagge. Ed in effetto ciò che è nell'universo per essenza, presenza o immaginazione, esso lo ha prima nella mente, e poi nelle mani, e quelle sono di tanta eccellenza, che in pari tempo generano una proporzionata armonia in un solo sguardo qual fanno le cose.

Così si legge nel Trattato della pittura o Libro della pittura, un'opera alla quale l'allievo prediletto e grande amico, Giovanni Francesco Melzi, dedica trent'anni della sua vita, probabilmente insieme al suo maestro. Il loro obiettivo è quello di realizzare uno strumento organico per divulgare il sapere di Leonardo, che è un sapere nuovo. Per far ciò, Melzi ne rilegge gli appunti, estrapola da ognuno di essi tutti i pensieri riguardanti l'arte e la pittura – perché da Vinci è una mente enciclopedica ma non organica –, e li ordina secondo un filo logico.

Oltre la Monna Lisa

La *Gioconda*, forse l'opera d'arte più famosa al mondo, contiene due delle principali innovazioni pittoriche di Leonardo: la tecnica dello sfumato e la prospettiva aerea. La prima permette al pittore di fondere l'immagine di Monna Lisa con lo sfondo, creando un'atmosfera soffusa che le dona grazia, finezza e un'aura di fascino misterioso. La seconda serve invece a Leonardo per descrivere il paesaggio in lontananza. Le montagne e le colline, che virano verso l'azzurro, sono molto realistiche, avvolte in una densa nebbia che incarna l'ideale di pittura atmosferica: da Vinci riproduce gli effetti che vede nella realtà, come l'umidità dell'aria e la luce, perché hanno un peso fondamentale nella maniera in cui gli occhi percepiscono gli oggetti.

Due capolavori

La National Gallery di Londra conserva in una delle sue sale due capolavori di Leonardo: *La Vergine delle Rocce* e *Sant'Anna, la Madonna, il Bambino e san Giovannino* (o *Cartone di sant'Anna*). La prima opera, databile tra il 1494 e il 1508, è una grande pala, seconda versione di un lavoro che Leonardo aveva compiuto tra il 1483 e il 1486 circa appena arrivato a Milano per i Francescani della confraternita dell'Immacolata Concezione (dogma appena sancito da Sisto IV).

La prima versione, oggi conservata al Museo del Louvre, doveva essere dipinta seguendo l'indicazione precisa dei committenti, che volevano la Madonna, Dio Padre, alcuni profeti e angeli: il tema teologico era all'ordine del giorno e i Francescani ne erano i principali sostenitori. Leonardo non riesce a adeguarsi e disobbedisce, optando piuttosto per il leggendario incontro tra i piccoli Gesù e Giovanni.

La seconda versione è tuttavia più corretta: il Bambin Gesù gioca infatti un ruolo centrale e l'angelo non commette più l'errore di indicare come protagonista il giovane Giovanni Battista. Sono fenomenali e ultrafiamminghi i fiori in primo piano, un po' come se Leonardo in quegli anni fosse regolarmente in contatto con Albrecht Dürer, che stava facendo lo stesso lavoro nel mondo tedesco. L'atmosfera che aleggia fra la mano della Madonna e il viso dell'angelo è totalmente misteriosa e inattesa.

La cosa che colpisce più di ogni altra è il fatto che il fondo sfuma secondo il principio della rinnovata prospettiva aerea. Questo dipinto dimostra che la prospettiva non ha una linea di fuga unica, perché gli occhi, che sono due, possono vagare verso più punti. Una curiosa atmosfera sospesa, un paesaggio totalmente inatteso, come silente. Il secondo dipinto conservato a Londra è invece un cartone, databile al 1501-1505 circa, che raffigura sant'Anna intenta a tenere sua figlia Maria sulle ginocchia mentre quest'ultima trattiene il Figlio, che si rivolge verso il piccolo Giovanni. Anna indica con la sinistra il cielo e guarda Maria con uno sguardo festoso, come a voler chiedere conferma della sua miracolosa gravidanza. È un'immagine che prende forma lentamente, ma che parte da alcuni dettagli molto bizzarri. Il tratto è vigoroso e sicuro, pensato però solo per abbozzare peso e volume dei corpi, non per definire e finire il tutto. Il dito di Anna verso il Cielo è solo accennato, il piede altrettanto, ma lì dove si formano i volti si capisce che il disegno di Leonardo non nasce banalmente dal segno, dall'improvvisazione, ma da un progetto accuratamente studiato.

Il refettorio più famoso del mondo

Torniamo a Milano negli anni dei primi grandi successi di Leonardo, alla fine del Quattrocento, quando dipinge l'ancora oggi misteriosa *Dama con l'ermellino* e, ovviamente, la sua fatica più nota: il *Cenacolo*.

Quando si parla del Cenacolo si intende quasi sempre l'opera d'arte leonardesca, ma non si tiene conto di un dato fondamentale: è prima di tutto uno spazio dove due grandi dipinti si guardano in faccia, la *Crocifissione* di Donato Montorfano, pittore lombardo vissuto tra il 1460 e il 1502 circa, e, appunto, l'*Ultima Cena* di da Vinci. In questo luogo ad ammirarli quotidianamente non era un visitatore, ma i seri Domenicani della Chiesa di Santa Maria delle Grazie durante i pasti.

Chi è la dama?

La dama con l'ermellino è una delle opere più belle e misteriose di sempre, simbolo dello straordinario livello artistico raggiunto da Leonardo durante il suo primo soggiorno milanese, tra il 1482 e il 1499. Il dipinto, della cui commissione si ignorano le circostanze, viene di solito datato a poco dopo il 1488, quando Ludovico il Moro ricevette il prestigioso titolo onorifico di cavaliere dell'Ordine dell'Ermellino dal re di Napoli Ferdinando I di Aragona. L'identificazione con la giovane amante del Moro Cecilia Gallerani si basa sul sottile rimando del nome: l'ermellino, infatti, simbolo di purezza e di incorruttibilità, si chiama in greco galé (γαλή), che alluderebbe al cognome della fanciulla. Esiste tuttavia un'altra interpretazione, secondo cui il ritratto sarebbe stato realizzato per ricordare la congiura contro Galeazzo Maria Sforza avvenuta nel 1476. La donna effigiata sarebbe quindi sua figlia Caterina: la collana di perle nere al collo alluderebbe al lutto e l'ermellino sarebbe un richiamo allo stemma araldico di Giovanni Andrea Lampugnani, sicario e uccisore del duca di Milano.

Quando Leonardo va a dipingere la grande parete di fondo, quella che è nota al mondo intero, siamo attorno al 1495.

Proprio in quell'anno l'opera di fronte è appena stata ultimata. Questi due grandi dipinti hanno una cosa in comune: sono entrambi la negazione dei dettami estetici cinquecenteschi legati alla passione per la prospettiva. L'affresco di Montorfano è talmente carico di elementi che la profondità si perde, mentre quello di da Vinci, in cui i personaggi non sono migliaia, ma quattro gruppi organizzati di apostoli, è l'esempio di un ordine prospettico talmente studiato e ragionato da andare ben oltre il rigore di Brunelleschi. Modificando le regole matematiche della prospettiva, Leonardo colloca il punto di fuga in alto, nella testa di Cristo, così che sembra essere quest'ultimo a guardare l'osservatore, e non viceversa.

La scena è rappresentata su un piano inclinato per mostrare la tavola imbandita ma anche per unire lo spazio reale con quello pittorico e rendere così comprensibile l'intera composizione anche da una certa distanza. Per restituire i diversi piani del dipinto, Leonardo utilizza la prospettiva aerea, qui tratteggiata con un brusco mutamento della gamma cromatica. Dai colori caldi delle figure in primo piano e dello spazio architettonico (che risultano quindi più precisi e nitidi) passa a toni freddi, come il verde e l'azzurro, per il fondo, e li sfuma, dando così l'idea dell'aria densa e non trasparente che c'è tra l'occhio di chi osserva e lo sfondo pittorico.

Per la composizione dell'*Ultima Cena*, Leonardo prende spunto dallo straordinario *trompe l'œil* realizzato dall'amico Bramante nella Chiesa di Santa Maria presso San Satiro, dove la prospettiva vuole dare l'illusione di portare lo sguardo oltre l'architettura vera e propria.

La composizione della *Crocifissione* di Montorfano è gremita di figure molto moderne che si dispongono, senza scalarsi in profondità, su un paesaggio di rocce scheggiate. Sul fondo, nella parte centrale dell'affresco, si erge una sorta di Gerusalemme mitica e ignota che ricorda il Castello Sforzesco di Milano.

L'artista lombardo vuole rappresentare il mito, la storia, il mistero. Leonardo invece non vuole ritrarre alcuna idea astratta: il suo è un dipinto convinto della realtà, altri enigmi in lui non ci sono, perché gli elementi presenti nell'*Ultima Cena* sono stati tutti decisi a tavolino con i Domenicani che mangiano nel refettorio.

Montorfano è molto convinto della qualità della sua *Crocifissione*, tanto da firmarla con orgoglio su un blocco di pietra squadrato posto ai piedi della croce. Leonardo invece è talmente dubbioso del rapporto con il pubblico che non lo fa. Egli, o forse un suo aiutante, non si sa, verrà incaricato di aggiungere all'affresco del suo collega quattro figure: il duca e suo figlio, la duchessa e la figlia. Questi personaggi sono sicuramente stati disegnati con la stessa tecnica sperimentale di quelli dell'*Ultima Cena*. Essendo questa incompatibile con l'umidità dell'ambiente, il risultato è stato l'evaporazione. L'opera di Leonardo è stata poi recuperata *in extremis* grazie a un restauro durato quasi trent'anni.

Illusionismo bramantesco

La costruzione della Chiesa di Santa Maria presso San Satiro viene intrapresa alla fine del Quattrocento per volere del duca Gian Galeazzo Sforza e più tardi proseguita da Ludovico il Moro come parte di un ambizioso programma di rinnovamento delle arti nel ducato, il quale prevede anche di chiamare a corte artisti da tutta Italia: l'edificio è infatti progettato secondo nuove forme rinascimentali da Donato Bramante.

La chiesa è famosa per ospitare il cosiddetto finto coro bramantesco, capolavoro della pittura prospettica rinascimentale italiana. Uno dei principali ostacoli alla creazione di un impianto monumentale è infatti la mancanza di spazio per la realizzazione del coro. Il problema viene sapientemente risolto dal Bramante mediante l'utilizzo di rilievi e modanature in cotto successivamente dipinti a formare una fuga prospettica che simula in 97 centimetri di profondità uno spazio pari ai bracci del transetto di 9,7 metri.

L'universo dei codici

I colleghi di da Vinci hanno lasciato ai posteri molti dipinti e pochi appunti o libri, mentre lui – l'ingegnere, l'uomo di scienza, l'inventore – ci ha donato quel mito che oggi viene definito «il mondo dei codici di Leonardo», cioè raccolte di annotazioni, progetti, abbozzi e disegni che ha realizzato nel corso della sua vita su argomenti diversi, dall'arte alla geometria, dall'anatomia all'architettura, dagli studi sulla meccanica e l'idraulica alla botanica...

Oggi questi preziosi cimeli sono conservati in collezioni private o museali in giro per il mondo e sono in grado di restituirci la complessità e la genialità del loro autore.

A Londra, presso il Victoria and Albert Museum, sono custoditi i Codici Forster, il cui nome deriva dal loro ultimo proprietario privato, John Forster: tre taccuini piccolissimi – 14 cm x 10 cm, 9,5 cm x 7 cm, 9 cm x 6 cm – che da Vinci portava con sé come blocchetti per appunti. I contenuti, databili probabilmente tra il 1493 e il 1496, riguardano argomenti eterogenei. Per gli schizzi prevale l'uso della matita rossa.

Alla British Library è invece conservato il Codice Arundel 263, i cui fogli vengono esposti a turno ciclicamente, così che i turisti e gli appassionati possano ammirarli nelle vetrine. Ci sono vari disegni, come quello curioso sull'invenzione delle chiavi che trasformeranno, due secoli dopo, gli strumenti a fiato in strumenti moderni, o quello sullo studio degli attriti.

Bell'esempio anche il piccolo Codice Trivulziano 2162 esposto nel Castello Sforzesco di Milano, nella Sala delle Assi (che forse si deve pure a Leonardo, e che comunque mantiene la traccia di un suo piccolo affresco). Questa raccolta contiene anche le sue bizzarre elucubrazioni di parole da ricordare per «far colpo» e per assimilarsi ai colti da salotto.

Esoterismo o praticità?

Leonardo è uno sperimentatore, un empirico *ante litteram*. È un individualista totale, a tal punto che quando si accorge di essere mancino, invece di scrivere da sinistra a destra, decide di scrivere da destra a sinistra. La sua non è affatto una scelta esoterica, ma pratica, come tutto il suo lavoro. Infatti, i quadri che vende sono tutti firmati a chiare lettere, in modo che il cliente capisca. Anche le carte topografiche sono scritte così che gli altri le possano leggere. I suoi appunti, invece, no, perché sono personali, annotati per non dimenticare, per elaborare, per ricordare i discorsi che farà in pubblico. E sono fogli che rivelano fino in fondo la sua psiche, ivi compresa quella curiosa passione per la matematica che dimostra quanto egli ami più la retorica dei numeri che la precisione del pensiero.

Ma è la Biblioteca Ambrosiana di Milano a conservare un vero e proprio tesoro: i dodici volumi nei quali il Codice Atlantico è stato legato e restaurato negli anni Settanta del Novecento. Insieme a quello di Windsor – che riguarda l'anatomia, il corpo e l'estetica (ubicato nel Castello di Windsor) – è il maggiore fra tutti i codici leonardeschi. Pieno di appunti, disegni e progetti, costituisce il codice scientifico per eccellenza; particolarmente importanti sono i fogli dedicati alle macchine, specie quelle da guerra: cannoni, bombarde capaci di sparare a mitraglia palle o addirittura granate. Tra questi appunti, compare il bozzetto di un cannone che potrebbe tirare perfettamente in orizzontale. Il pezzo d'artiglieria più diffuso tra la fine del Quattrocento e l'inizio del Cinquecento era la bombarda, un'arma che, per essere efficace, doveva mirare verso l'alto e lasciar cadere i proiettili. Tutte le fortificazioni erano quindi dotate di mura molto alte, ottime per difendersi dalla parabola dei proiettili, ma non efficaci contro quelle armi che potevano sparare diritto e colpirne direttamente le fondamenta. I francesi, tuttavia, scesi in quegli anni nella penisola italiana per far valere i diritti ereditari sul Regno di Napoli e poi sul Ducato di Milano, utilizzavano il cannone, che consentiva proprio di sparare diritto e di distruggere quelle costruzioni alte ma fragili. Leonardo aveva in anticipo, purtroppo inutilmente, intuito la questione.

Il Codice Atlantico è pieno di sorprese, perché tutto è estremamente moderno e, insieme, riflesso della cultura dell'epoca. Tra i fogli emerge come Leonardo avesse una concezione molto architettonica della vita: perfino il disegno geometrico-tecnico di un attrezzo meccanico sembra un progetto perfetto.

Anche la questione della visione è affrontata costantemente da un punto di vista ottico-geometrico ma con un approccio pratico, non teorico. Ancora una volta è fondamentale l'intuito: tutti i suoi contemporanei credono che il «razzo» esca dall'occhio per andare a vedere la realtà, mentre lui riprende la vecchia tradizione medievale e dimostra che è l'occhio a essere colpito dagli stimoli visivi che vengono da fuori.

Curiosa meraviglia, il Codice Atlantico, perché in realtà è il risultato di tanti fogli sparsi che hanno affrontato un'avventura incredibile: dopo la morte di Leonardo, passarono a Giovanni Francesco Melzi, poi finirono in Francia, in seguito tornarono in Italia finché alla fine del Cinquecento andarono a costituire un *corpus* compatto nelle mani di Pompeo Leoni.

I manoscritti leonardeschi arrivati a Pompeo non vengono organizzati per farne un commercio, ma per creare una grande, famosissima collezione. La dispersione di questi preziosissimi fogli avverrà dopo la sua morte, nel 1608.

La Biblioteca Ambrosiana ospita anche altri testi fondamentali, tra i quali il *De divina proportione* di Luca Pacioli, il più grande matematico dell'epoca, scritto per ultimare il concetto di Fibonacci mescolato con quello di Pitagora sulla perfezione del numero aureo, questione fondamentale per l'estetica e l'idea del bello.

In quest'opera di Pacioli sono messi in rubrica, cioè in rosso, i nomi dei matematici e dei pensatori scientifici più importanti da lui citati, tra cui, ovviamente, Leonardo da Vinci, architetto, ingegnere e assiduo inventore di cose nuove.

Alla fine del *De divina proportione* la sorpresa incredibile: la prova visibile di come l'applicazione della sezione aurea alla geometria solida possa diventare occasione per creare una splendida opera d'arte. Luca Pacioli commissionò direttamente a Leonardo una serie di tavole con i disegni acquarellati di sessanta solidi costruiti a partire dalla sezione aurea: grazie al gioco della prospettiva e dei colori, ne emerge un'affascinante successione di figure geometriche accomunate dall'idea della perfezione. Si parte dalla sfera per arrivare allo stupefacente poliedro a settantadue basi, passando per tutte le variazioni possibili e immaginabili. Solo questo esemplare del *De divina proportione* contiene i disegni di da Vinci, il che lo rende estremamente più prezioso.

Inoltre, questo, che è uno dei più bei libri al mondo, ha una grandissima particolarità: mentre in tutti i codici Leonardo prende appunti con estrema velocità (è preciso solo per spiegare tecnicamente i progetti), qui i suoi disegni sono realizzati in maniera attenta, artistica, estetica, perché il volume è un regalo da donare a Pacioli. E lo è anche per il futuro, per noi.

Eredità importanti

Dopo la morte di Leonardo, Giovanni Francesco Melzi eredita moltissimi disegni e manoscritti artistici e scientifici del suo maestro, li trasferisce nella villa di famiglia a Vaprio d'Adda e li conserva fedelmente fino alla sua morte. Giorgio Vasari in *Vite dei pittori* (1568) scrive: «Di queste carte della notomia degli uomini n'è gran parte nelle mani di messer Francesco da Melzo gentiluomo milanese, che nel tempo di Lionardo era bellissimo fanciullo e molto amato da lui, così come oggi è bello e gentile vecchio, che le ha care e tiene come per reliquie tal carte, insieme con il ritratto della felice memoria di Lionardo: e chi legge quegli scritti, par impossibile che quel divino spirito abbi così ben ragionato dell'arte e de' muscoli e nervi e vene, e con tanta diligenza d'ogni cosa».

Fantasie possibili

Il Museo Nazionale della Scienza e della Tecnologia a Milano, dedicato a Leonardo da Vinci, conserva una serie di modelli particolarmente interessanti perché realizzati partendo dai codici: macchine belliche come la diabolica doppia balestra che spara in due direzioni contemporaneamente, curiosi sogni marittimi come la nave esploratrice, meccanismi per guerre stellari solo ipotizzate, un distillatore a ciclo continuo, un forno per far sciogliere a vari gradi di temperatura le leghe diverse di metallo, una doppia gru che da un lato carica e dall'altro scarica e contemporaneamente si può girare.

Leonardo è ossessionato dall'acqua e da come affrontarne la complicata gestione con ponti di ogni genere e ipotesi idrauliche, tutto sempre ricondotto alla meccanica. Lavora ai suoi progetti e alle sue invenzioni usando le categorie classiche dell'aristotelismo medievale: la terra, l'acqua, il fuoco, l'aria. La terra da muovere, l'acqua da dominare, il fuoco delle fornaci e dei cannoni e l'aria, il suo vero grande mito. Nell'inventare l'ala capisce che oltre a una certa velocità di movimento l'aria stimola una contro-forza in grado di sostenere l'oggetto in volo. Nasce così anche il prototipo dell'elicottero.

Per Leonardo un altro ampio ambito di interesse, nonché fonte di stimoli, è il mondo del lavoro, come dimostrano l'invenzione di una draga per i canali di Milano, o l'applicazione del movimento alternato – la biella (già nota ai produttori di tessuti sin dalla fine del Duecento) – da usare in segheria, sfruttando come forza motrice l'acqua dei Navigli. E poi c'è la passione per i meccanismi combinati che gli consentono di anticipare una curiosa macchina per la stampa.

La sua capacità di smontare il movimento in decine e decine di rotelle lo conduce alla più incredibile delle invenzioni di allora: il telaio completo dotato di movimento automatico della spoletta eseguibile dalla forza motrice di un mulino. Una macchina suscettibile di funzionare da sola e di produrre all'ora un metro e mezzo di stoffa alta un braccio fiorentino; duecentottant'anni prima dell'invenzione del moderno telaio automatico al quale si deve l'inizio, in Inghilterra, della rivoluzione industriale.

La passione per gli ingranaggi lo porta a molte realizzazioni tecnologiche straordinariamente efficaci, come la carrucola, che consente a un uomo di tirar su un peso con il movimento in avanti e indietro del manubrio.

6.
Raffaello, Sebastiano del Piombo e Correggio: maestri del Rinascimento

Destini incrociati

A Urbino, Raffaello inizia precocissimo la sua breve e straordinaria avventura attraverso l'Italia. Tra la bottega di Perugino e le Stanze Vaticane c'è Firenze, la lezione di Botticelli e Ghirlandaio e, soprattutto, l'incontro con un Michelangelo agli albori e un Leonardo già maturo. A Roma, Giulio II e Leone X gli regalano una carriera folgorante e la scoperta dell'antichità. La Città Eterna è in lutto davanti alla sua morte improvvisa e lo consegna direttamente alla gloria immortale.

Diversa la parabola del veneziano Sebastiano del Piombo, di due anni più giovane. I suoi maestri sono Bellini e, forse, Giorgione. Con il tempo, Sebastiano matura uno stile più personale, optando per composizioni fluide e naturali, che a sua volta influenzeranno il grande Tiziano. Anche lui approda a Roma a venticinque anni, chiamato da Agostino Chigi a contribuire agli affreschi della Villa Farnesina. Qui del Piombo vive da una parte l'amicizia con Michelangelo, che lo sceglie come allievo, e dall'altra la rivalità con Raffaello, che si esprime soprattutto alla corte del cardinale Giulio de' Medici. Il genio di provincia, dimenticato dalla storia, sarà riscoperto solo nel Novecento.

Dalla pennellata morbida e quasi magica, Antonio Allegri, ultimo dei tre maestri, nasce a Correggio negli stessi anni. Sulla sua strada incontra prima il Mantegna, poi Raffaello e il vecchio Leonardo. Appassionato di asimmetrie, cantore di una natura rigogliosa, artista geometrico nella composizione e dolce nelle espressioni, Correggio trasforma i suoi dipinti in stucchi, pietra e avorio. E dà ai suoi personaggi un inconfondibile tocco di umanità.

Un giovane privilegiato e dotato

È il 1483. Raffaello Sanzio nasce nella città fortificata di Urbino, che sotto i suoi duchi – i Montefeltro – è soprannominata «luce d'Italia», poiché è un importante e fecondo centro di mecenatismo sofisticato, attento, raffinato. Tra i protetti di corte c'è Giovanni Santi, poeta, umanista e artista, nonché padre di Raffaello. Quest'ultimo, dunque, gode di numerosi privilegi: non solo proviene da una famiglia abbiente, ma soprattutto vive circondato da musica, arte e letteratura. Sin da bambino ha modo di entrare in contatto con maestranze e artisti, sia quelli che lavoravano per i duchi, sia quelli che imparavano dagli insegnamenti di suo padre. Alla morte di Santi, nel 1494, è quindi Raffaello a prendere le redini della bottega. Ha solo undici anni, ma il suo talento, il suo temperamento e la sua tenacia lo guidano, nel giro di pochissimi anni, verso quell'esperienza e maturazione che lo renderanno uno dei più grandi pittori del Rinascimento, se non addirittura il migliore, il preferito dei pontefici a Roma.

Verso la fine del Quattrocento va in apprendistato presso la bottega del Perugino. Qui mostra subito le sue doti: apprende in fretta, studia molto e allena la mano a rendere con precisione ciò che la mente e il cuore vogliono esprimere. Nel 1500 approda a Città di Castello, dove gli viene commissionata la *Pala del beato Nicola da Tolentino* (o *Pala Baronci*) per il monastero di Sant'Agostino (opera danneggiata da un terremoto nel Settecento, divisa e oggi visibile in diversi musei). Due sono i lavori in cui si riconosce l'ispirazione al maestro Perugino: la *Crocifissione Gavari* (o *Crocifissione Mond*), del 1502-1503, e lo *Sposalizio della Vergine* (1504).

La prima tavola viene realizzata per la Chiesa di San Domenico di Città di Castello, per la famiglia Gavari. L'opera raffigura Cristo in croce circondato da due angeli che raccolgono il suo sangue dalle mani e dal costato. Ai piedi Maria, san Girolamo, Maddalena e Giovanni apostolo. Curiosa la presenza di Sole e Luna vicino alla scritta INRI, recupero della tradizione cristiana medievale, secondo la quale erano simboli di trascendenza temporale e universale della Passione di Cristo. Il modello peruginesco lo si nota nell'organizzazione della composizione su due registri, nelle pose contemplative e dolci delle figure rappresentate, nella presenza dei due angeli simmetrici, nel paesaggio aperto e romantico.

Lo *Sposalizio*, oggi conservato presso la Pinacoteca di Brera, viene invece commissionato dalla famiglia Albizzini per la Chiesa di San Francesco, sempre per la città tifernate. L'opera tradisce una stretta affinità con l'omonima tela che Perugino dipinge tra il 1501 e il 1504, anche se in molti dettagli ne è un suo superamento: in particolare, i personaggi in primo piano – Maria, Giuseppe, il sacerdote che officia la funzione e i gruppi di uomini e donne – sono in posizioni simmetriche, ma più naturali e variegate rispetto al modello, mentre lo sfondo mostra il tempio, che però, diversamente da quello del maestro – dove è solo una scenografia –, è il centro ottico, il fulcro dello spazio, un elegante e maestoso edificio che non incombe sulla scena ma ne è uno dei protagonisti.

Un piccolo cesello

Il *Sogno del cavaliere* (1503-1504) è quasi più un oggetto che un dipinto. Tutto appare intagliato, anche i colori che provengono dalle più raffinate velature, il paesaggio è improbabile quanto perfetto. Un riassunto del Quattrocento amante degli ori incisi, delle maioliche dipinte, delle miniature da collezione: la composizione, inquadrata in una cornice d'oro, in apparenza spontanea e semplice, è in realtà frutto di una ricerca precisa di equilibrio tra le figure in primo piano e lo sfondo che si apre su un piano prospettico articolato su più livelli. Difficile l'interpretazione: forse un Ercole al bivio o un Ercole tra le Esperidi o il Sonno di Scipione l'Africano, il quale si trova davanti àlla scelta tra Pallade e Venere, allegorie rispettivamente di conoscenza superiore e di piacere terreno. Le due figure femminili sono ciò che il cavaliere addormentato sullo scudo sta sognando: da una parte la *Virtus* con una spada e un libro tra le mani (simboli dell'*ars* militare, quindi della vita attiva, e di conoscenza e studio, quindi vita contemplativa), e dall'altra la *Voluptas*, con abiti più sciolti e in mano un fiore (indicante l'amore).

È il 1504 quando Raffaello va a studiare i grandi maestri e a prendere ispirazione a Firenze, un ambiente tra i più stimolanti d'Italia. Qui «dimentica» Perugino e cambia ritmo dei capolavori. *In primis* perché si misura con il classicismo sancito dal Quattrocento di Botticelli e Ghirlandaio: la sua *Deposizione di Cristo* del 1507, per esempio, è così classica da far calzare un paio di scarpette romane a san Giovanni, ed è quasi post fiorentina, poiché con essa il pittore dimostra di aver imparato dai migliori pittori di Firenze – superandoli – a far soffiare il vento nei capelli, a raffigurare acconciature di lusso mediceo, a giocare con il *pathos* donatelliano tipico dei profili da medaglia. In questo sublime dipinto eseguito con una freschezza così matura da farlo sembrare modernissimo, Raffaello archivia definitivamente i sorrisi leggermente «tonti» ritratti dal Perugino e restituisce in pittura un dolore che si fa universale, cioè quello composto ma comunque tragico dei parenti intenti a deporre il corpo di una persona a loro cara. Come scrive Vasari ne *Le vite de' più eccellenti pittori, scultori e architettori* (1568), «chi considera la diligenza, l'amore, l'arte e la grazia di quest'opera, ha gran ragione di maravigliarsi perché ella fa stupire chiunque la mira per l'aria delle figure, per la bellezza de' panni et insomma per una estrema bontà ch'ell'ha in tutte le parti».

In secundis è proprio a Firenze che può vedere all'opera due grandissimi della storia dell'arte, e cioè un Michelangelo ancora agli albori della gloria e un Leonardo da Vinci ormai maturo. Essi sono infatti impegnati negli affreschi della *Battaglia di Anghiari* e della *Battaglia di Cascina*.

La figura di Leonardo non è per niente marginale per Raffaello: egli, infatti, che è tornato in Toscana da Milano, influenza innegabilmente il gusto dell'Urbinate. Per esempio, nella *Belle Jardinière* che il pittore marchigiano realizza nel 1507, si ritrovano elementi che richiamano il mondo e le atmosfere leonardesche, in particolare la dolcezza dei volti dei personaggi – Maria, Gesù Bambino e san Giovannino –, la concatenazione dei loro sguardi e gesti e un uso morbido dello sfumato.

Curiosa è la piccola *Madonna Esterhazy*, un'opera ritraente la Madonna col Bambino poggiato su una roccia, mentre si sporge verso san Giovanni Battista fanciullo, a sinistra, intento a leggere un cartiglio. Il dipinto è del 1508, ma è come se Raffaello sapesse già quello che sarà fra poco il suo destino: egli chiude il paesaggio sullo sfondo con una serie di rovine che ricordano il Tempio di Vespasiano nel Foro Romano. È infatti alla fine di quell'anno che il pittore, venticinquenne, approda a Roma, convocato da un Giulio II forse un po' stufo da troppo Michelangelo e troppo Bramante: un invito importantissimo che non si può rifiutare. Il pontefice lo assume con lo stipendio di scrittore di brevi apostolici e gli fa fare una carriera folgorante fino al massimo della Sovrintendenza.

Inizia così l'avventura nuova, la più importante, del giovane Urbinate, alla scoperta dei muscoli e della gloria definitiva.

Dipinto ridipinto

Dopo un restauro novecentesco la *Dama col liocorno* che Raffaello dipinge con ogni probabilità a Firenze tra il 1505-1506 torna a essere quella di una volta. Verso la fine del Seicento, infatti, il quadro era stato sottoposto a una serie di ridipinture, che avevano trasformato la bionda fanciulla ritratta in un'austera santa Caterina: le sue spalle nude erano state coperte da un mantello e l'unicorno, elemento particolarissimo e squisito della composizione, era stato nascosto sotto una palma e una ruota dentata, simboli del martirio della santa. Infine, il paesaggio che oggi si vede oltre la balaustra era stato mitigato in un semplice fondale neutro. La critica trova difficile attribuire un nome a questa misteriosa dama, ma la colloca sicuramente nel panorama delle famiglie abbienti dell'epoca, ipotesi confermata anche dall'elegante abito che la dolce donna bionda indossa, e soprattutto dal prezioso gioiello che porta al collo, composto di un grande rubino e una perla pendente a forma di goccia. L'animale mitologico che la donna tiene tra le braccia è simbolo di castità e purezza, e per via di antiche credenze che attribuivano proprietà magiche e curative al suo corno era particolarmente ricercato. Le leggende raccontavano infatti che catturarlo era impresa ardua, e che solo una vergine sarebbe riuscita ad attirarlo a sé. In generale quest'opera di Raffaello è simbolica, dove il sorriso della giovane proviene ancora dalla collaborazione con il Perugino, ma diventa un mistero di freddezza quanto lo sono gli occhi cerulei, tutti cesellati secondo un modello ideale, ma con la medesima attenzione del rubino appeso al collo. Sublime perversione algida del pittore di Urbino.

Roma accoglie a braccia aperte Raffaello

Durante i pontificati di Giulio II (1503-1513) e di Leone X (1513-1521), Roma vince il primato culturale: è qui che affluiscono gli artisti più importanti del tempo – oltre, ovviamente a Raffaello, Bramante e Michelangelo, arrivano, per esempio, Antonio da Sangallo il Giovane, Sebastiano del Piombo, Jacopo Sansovino e Leonardo da Vinci –, ed è qui che vengono commissionate prestigiose opere e il mecenatismo fiorisce intorno ai temi cari all'Umanesimo. Il Vaticano è, in epoca rinascimentale soprattutto, uno dei più grandi cantieri della storia: Giulio II dà impulso a imprese-capolavori che rimarranno per sempre nel mondo dell'arte, come la volta della Cappella Sistina commissionata a Michelangelo e le Stanze Vaticane di Raffaello, con l' obiettivo di restituire alla Città Eterna lo splendore e gli antichi fasti della Roma imperiale; mentre Leone X pone l'attenzione in particolare sull'archeologia e un ritorno all'erudizione antica (in questo caso il pittore di Urbino diventa maestro della fabbrica di San Pietro e si occupa di studiare e controllare scavi archeologici e monumenti romani).

Come si può facilmente immaginare, in un ambiente tanto fecondo e ricco, Raffaello trova nuova linfa, diventando ben presto il maggiore protagonista di questa intensa attività artistica. Tra le meraviglie architettoniche, scultoree e pittoriche antiche da cui imparare e da preservare, come il Pantheon, la Domus Aurea e fuori Roma la Villa di Adriano, trova una fonte di ispirazione, sbalordito dalla qualità dei suoi antichi predecessori. La scoperta dell'antico è fondamentale per infondere quella naturalità e quella psicologia intensa nei personaggi che si trova a ritrarre: è un codice linguistico che gli artisti del passato possedevano e che egli vuole riportare nella sua pittura.

Tra il 1508 e il 1511 ottiene la direzione completa della Stanza della Segnatura, uno degli ambienti del Palazzo Apostolico vaticano. I preziosi cicli di affreschi alle pareti e sulla volta riprendono gli ideali della cultura umanistica: la Teologia (*Disputa del Sacramento*), la Filosofia (*Scuola di Atene*), la Poesia (*Parnaso*) e la Legge (*Virtù e la Legge*). Per la famosissima *Scuola di Atene*, per esempio, Giulio II pensava a una specie di schieramento lineare dei grandi filosofi, ma Raffaello va oltre, realizzando invece una composizione dinamica, in cui ogni singola figura ha un ruolo ed esprime nella sua gestualità il proprio carattere o la propria filosofia.

Il suo lavoro successivo in Vaticano è la Stanza di Eliodoro (1511-1514), uno dei più grandi, incredibili e felici momenti dell'arte raffaellesca, soprattutto in termini di luce e capacità realizzativa di un ritratto di corte. In questo ambiente suggestivo vengono narrate le vicende legate alla storia del papato e della Chiesa in generale, come la *Cacciata di Eliodoro dal tempio*, la *Liberazione di san Pietro dal carcere*, l'*Incontro di Attila e Leone Magno* e la *Messa di Bolsena*.

La terza stanza vaticana dove si può trovare l'intervento diretto dell'Urbinate è quella dell'Incendio di Borgo (1514-1517), per la quale il maestro, impegnato anche in altre commissioni papali, si fa aiutare dalla sua bottega, che nel frattempo era diventata la più richiesta d'Italia. Il tema principale di questo ciclo di affreschi è l'esaltazione del pontificato di Leone X attraverso la narrazione di episodi della vita di altri «papa Leone», III e IV.

Dell'ultimo ambiente, la Sala di Costantino, purtroppo Raffaello realizza solo dei cartoni preparatori: altre opere e soprattutto la sua prematura dipartita non gli faranno completare le storie di Costantino Magno e della sua vittoria sul paganesimo. Gli affreschi, le cui scene di battaglia verranno riprese dai pittori del XVII e XVIII secolo, sono quindi portate a termine da varie tavolozze, come quella di Giulio Romano, di Perin del Vaga, di Giovan Francesco Penni e altri.

In onore dei committenti papali, Raffaello realizza diversi ritratti. Tra i più famosi si ricordano il *Ritratto di Giulio II* del 1511 e, soprattutto, il *Ritratto di Leone X tra i cardinali Giulio de' Medici e Luigi de' Rossi* (1518-1519). Quest'ultimo in particolare è di una qualità pittorica straordinaria, capace di rappresentare un'autorità attraverso un'immagine. La potenza formale e spirituale del pontefice è declinata attraverso l'infinita qualità e quantità di sfumature dei rossi utilizzati e delle stoffe (velluto, seta, cotone), la ricchezza culturale degli elementi di natura morta (come il campanello, capolavoro di oreficeria, il volume di Bibbia miniata e la piccola lente di ingrandimento usata per leggere), le decorazioni a frange della sedia curiale, la prodigiosa abilità nel portare in pittura la lucidità e la luminosità del pomo d'oro della seduta. Un ritratto in cui la moltiplicazione dei piani – estetico, culturale, rappresentativo – non ha eguali, e che verrà ricordato nei secoli.

Il 6 aprile 1520 Roma è in lutto. Non per la morte di un pontefice o di un sovrano, bensì per la morte di quell'artista che aveva fatto della Città Eterna la sua ultima dimora, dove aveva studiato le sue antiche rovine e dove aveva dato vita ad alcune delle opere più sorprendenti del Rinascimento.

Il giorno seguente, la città tutta decide di dare il suo ultimo saluto: un funerale sontuoso mai organizzato a nessun altro artista; quattro i cardinali che trasportano la sua bara di fronte a una folla commossa. Raffaello Sanzio da Urbino viene sepolto nel Pantheon romano. Sul suo sarcofago un epitaffio in latino: «*Ille hic est Raphael timuit quo sospite vinci rerum magna parens et moriente mori*», «Qui giace quel Raffaello dal quale quand'era in vita madre natura temette di essere vinta, e mentre moriva di morire con lui».

Moriva improvvisamente uno dei più grandi artisti della storia, e il senso di commozione e malinconia per questa perdita fu totale, generale, a Roma ma non solo.

Fornarina

Poco prima di morire, Raffaello dipinge la misteriosa *Fornarina* (1520 circa). Lei, che la maggior parte della critica identifica con Margherita Luti, fornaia di Trastevere nonché famosa amante e modella del pittore, ha un sorriso furbo e un corpo irreale che sembra fatto di porcellana, con un solo dettaglio realistico: il turbante *conturbante*. La sua vista fece impazzire Jean-Auguste-Dominique Ingres, che nel 1813 ritrae *Raffaello e la Fornarina*. Secondo alcune fonti, la giovane donna potrebbe rappresentare la Venere celeste, cioè l'amore che eleva gli spiriti alla ricerca della verità attraverso l'idea sublimata della bellezza.

Un genio di provincia

Ben diversa è la storia del veneziano Sebastiano del Piombo, che ha due anni in meno di Raffaello. Di lui si sa ben poco, ma se è certo un apprendistato nella città lagunare presso la bottega di Bellini, poche sono le prove a sostegno del suo passaggio presso il laboratorio di Giorgione, della cui influenza tuttavia risentono alcune sue opere giovanili. Tra queste, spiccano in particolare il *Ritratto di giovane donna di Budapest* (1508), le due ante d'organo per la Chiesa di San Bartolomeo di Rialto (1509) e la *Pala di san Giovanni Crisostomo* (1510-1511).

Nella prima convivono i riferimenti alla scuola di Bellini – lo scalare dei livelli della rappresentazione – e di Giorgione – la dettagliata riproduzione dell'incarnato –, tra i quali si fa spazio quello che sarà un aspetto tipico e originale di Sebastiano: la contrapposizione dei movimenti della testa e del braccio. La seconda opera consiste in quattro portelle d'organo, raffiguranti all'interno i santi Bartolomeo e Sebastiano – tra due colonne e sotto un arco classico su uno sfondo scuro –, e all'esterno san Ludovico di Tolosa e san Sinibaldo – inseriti nello spazio di due nicchie in penombra, dotate di una calotta mosaicata in stile bizantino. I dipinti rivelano l'abilità di Sebastiano nella riproduzione dei particolari delle architetture e dei tessuti, al contempo recano traccia degli insegnamenti di Giorgione, visibili soprattutto nella resa della profondità degli spazi, sfumati e immersivi, nonché nell'espressione di contemplazione dei personaggi.

La *Pala di san Giovanni Crisostomo* segna, rispetto alle due pitture precedenti, un netto passaggio verso uno stile più personale e innovativo. L'opera viene commissionata da Caterina Cantarini in occasione della morte del marito, Nicolò Morosini, avvenuta nel 1510, e ritrae al centro san Crisostomo, un gruppo di sante a sinistra – Caterina d'Alessandria, Maria Maddalena e Lucia – e di santi a destra – Nicola, Giovanni Battista e Liberale. Le figure emergono da una duplice ambientazione, composta da un lato da un'architettura classicheggiante, dall'altro da un paesaggio naturale. La novità fondamentale però è rappresentata dalla scelta compositiva: del Piombo abbandona la tradizionale veduta frontale e simmetrica, e quindi l'ordine gerarchico dei santi, a favore di una collocazione più libera e fluida dei protagonisti. Da ciò deriva che san Crisostomo, il quale almeno in teoria dovrebbe godere di maggiore rilevanza, siede su un gradino, privo degli attributi vescovili e con il volto in ombra; mentre in primo piano risaltano gli sguardi, i gesti e le movenze dei santi che lo affiancano riempiendo lo spazio.

L'innovazione introdotta da del Piombo passerà alla pittura veneziana e veneta, influenzandone tutta la produzione successiva, come dimostra la *Pala Pesaro* di Tiziano (1519-1526).

Sebastiano del Piombo arriva a Roma nel 1511 anche lui venticinquenne, chiamato da quel ricchissimo mecenate, banchiere e mercante che è Agostino Chigi.

Le prime opere in cui si cimenta – insieme ad altri rinomati artisti come Baldassarre Peruzzi, Raffaello stesso e la sua bottega, Giulio Romano e Il Sodoma – sono gli affreschi a Villa Farnesina, una delle residenze del suo committente. Qui realizza per la Sala di Galatea *in primis* un gigantesco *Polifemo* e poi otto delle dieci lunette presenti, sempre a tema mitologico: *Tereo insegue Filomela e Progne*, *Aglauro ed Erse*, *Dedalo e Icaro*, *Giunone*, *Scilla taglia i capelli a Niso*, *Caduta di Perdix*, *Borea rapisce Orizia*, *Zefiro e Flora*. Questi affreschi rivelano leggerezza e immediatezza compositive, e in particolare la muscolarità di *Polifemo* rimanda a un chiaro modello michelangiolesco.

Potente capolavoro è il *Giudizio di Salomone*, probabilmente coevo al suo arrivo a Roma, sebbene risenta ancora dell'influsso veneziano di Bellini nella rappresentazione delle figure. La scena è ambientata in un ampio spazio che si sviluppa lungo due colonnati. Salomone, al centro, siede su un trono, ai lati del quale stanno le due madri in lotta. La scena coglie il momento esatto in cui il re d'Israele ordina a un soldato di dividere in due il fanciullo, scatenando la reazione dell'uomo sulla destra, che alza il braccio per sferrare il colpo. L'opera è una dichiarazione di intenti e di talento, prospettive architettoniche che racchiudono un gruppo di soggetti che vuole competere con la *Scuola di Atene* di Raffaello.

Databile al 1512 è un'opera di carattere mitologico, la *Morte di Adone*, che Agostino Chigi volle appendere nella sua villa. Le figure rappresentate – Venere, nuda, al centro, vicino a Cupido, Adone morto sulla sinistra, e a destra le compagne della dea e un Sileno che suona il flauto – sono estremamente plastiche, inserite in un paesaggio delicato che altro non è se non la Venezia dell'autore, al tramonto. Suggestivo è il *Ritratto del cardinale Ferry Carondolet con il segretario* (1512), ancora molto veneziano, con quel tappeto d'Oriente che andava di moda a casa sua, con l'ordine delle colonne e un paesaggio nordico.

Il periodo romano di Sebastiano del Piombo si snoda tra l'amicizia con Michelangelo – che lo sceglie come suo assistente, coltivandone il talento – e la rivalità con Raffaello – con la cui fama il pittore veneziano è costretto a misurarsi. Dalla collaborazione con il primo nascerà la *Pietà* che, secondo Vasari, fu disegnata dal Buonarroti e conclusa dal giovane artista suo allievo entro il 1516, per la Basilica di San Francesco alla Rocca di Viterbo. Lo stile di Sebastiano del Piombo si afferma, dalla metà del secondo decennio, come alternativa alla pittura del fortunato Urbinate, con il quale entra in competizione poco dopo il suo arrivo a Roma, proprio nella Villa Farnesina, dove Raffaello realizza l'affresco di *Galatea* (1512). La sfida tra i due si accende quando entrambi vengono chiamati alla corte del cardinale Giulio de' Medici, che nel 1519 commissiona a Sanzio la pala della *Trasfigurazione* – rimasta incompiuta – e a Sebastiano quella della *Resurrezione di*

Lazzaro, entrambe destinate all'altare della sede vescovile di Narbonne. L'opera del veneziano si ispira all'episodio raccontato nel Vangelo di Giovanni: al centro, la figura di Cristo, su cui converge l'attenzione dello spettatore, punta il dito dritto verso Lazzaro, che si libera dalle bende e torna a camminare. Tutt'attorno, una molteplicità di soggetti si muove all'interno di un paesaggio naturale, costellato da rovine urbane che ricordano Roma. La rappresentazione risulta quindi dinamica e affollata, caratterizzata da colori vivaci, lontani dalla cromaticità del periodo giovanile.

Curioso anticipatore del *pathos*, quello che andrà di moda dopo la metà del secolo, con il *Cristo portacroce e il cireneo* (1516 circa), caratterizzato da orizzonti crepuscolari ed ermetico; quasi romantico, nella *Flagellazione* (1518-1524), Sebastiano del Piombo dà vita a personaggi che sembrano già pronti per una galleria di ritratti ottocentesca. È quanto testimoniano i volti di Anton Francesco degli Albizi (1525), raffigurato in posa determinata e retorica, e di Andrea Doria (1526), severo e potente sopra il fregio antiquariale che raffigura l'antico rostro della nave romana.

Amato dagli acquirenti, riscuote un successo crescente in una Roma calante, dove Michelangelo forse lo aveva «usato» contro Raffaello, e mentre, negli stessi anni, il peso del Nord comincia a farsi sentire. Sebastiano del Piombo sarà dimenticato dalla storia e riscoperto solo nel Novecento, dimostrando che si può essere geni anche in provincia.

Nuove (a)simmetrie

La *Pala Pesaro* deve il suo nome al committente Jacopo Pesaro, vescovo di Pafo nell'isola di Cipro, il quale volle l'opera come segno di riconoscimento per la vittoria ottenuta a Santa Maura (1502) dalla Serenissima contro i turchi. La Vergine Immacolata con Gesù Bambino, i due soggetti principali, non stanno al centro della tela, ma in alto a destra, sia pur seduti su un trono, al vertice della piramide geometrica lungo la quale sono disposti gli altri personaggi. Nella figura della Madonna confluiscono la lucentezza dei colori e il punto focale del quadro di Tiziano, che così rompe definitivamente con la tradizione e sublima le tecniche compositive già prima introdotte da Sebastiano del Piombo. Davanti alla Vergine, più in basso, san Pietro – che indossa vesti azzurre e gialle, i colori araldici dei Pesaro – interrompe la lettura per presentarle Jacopo Pesaro, accompagnato da un alfiere che porta una bandiera con lo stemma di papa Alessandro VI e da un turco sconfitto, appena visibile, con il turbante bianco. A destra della tela, Gesù Bambino gioca con un lembo della veste di san Francesco, mentre sant'Antonio, al suo fianco, osserva sotto di sé i membri della famiglia Pesaro. Tutta la rappresentazione è racchiusa all'interno di un'architettura scenografica – un portico sorretto da colonne –, da cui traspare un cielo azzurro sullo sfondo, che crea un'illusione prospettica evocativa. A farne un capolavoro non è solo l'originale collocazione delle figure – asimmetrica, libera, dinamica – ma anche la loro potenza espressiva e il sapiente accostamento cromatico.

Le magie di Correggio

Terzo ragazzo della generazione «anni Ottanta», Antonio Allegri detto Correggio, nato nella cittadina emiliana che gli ha dato il nome nel 1489, a venticinque anni è già un artista maturo dalla pennellata incredibilmente soffice, quasi magica.

Iniziato alla pittura dallo zio Lorenzo, alle soglie del Cinquecento egli lavora per la bottega dell'artista modenese Francesco Bianchi. Poco dopo giunge a Mantova ed entra nell'officina del Mantegna, che morirà nel 1506. Collabora quindi con i suoi figli, insieme ai quali realizza la cappella dedicata al maestro presso la Chiesa di Sant'Andrea, dove sperimenta un naturalismo innovativo, che giungerà a piena maturazione nella Camera di San Paolo.

Dal Mantegna eredita l'illusionismo prospettico e il tratto duro e aspro, addolcito dagli incontri successivi con Raffaello e, soprattutto, Leonardo Da Vinci. Sul finire del secolo precedente, l'artista toscano aveva soggiornato a Mantova, ospite dei Gonzaga, e proprio qui Correggio si accosta per la prima volta alla pittura aerea leonardesca, di cui diventa presto uno dei più prestigiosi interpreti.

Ne è un esempio la *Natività con i santi Elisabetta e Giovannino* (1512 circa): il modello iconografico è settentrionale, con la scena posta al centro di una radura, la cromaticità brillante è quella tipicamente veneta, ma la resa del paesaggio, sfumato fino a quasi sgretolarsi, è marcatamente vinciana.

La natura è protagonista anche di un'altra opera: il *Ritratto di dama* (1520 circa), più che rifarsi alle tecniche del maestro toscano, sembra voler stabilire un dialogo con la cultura estetica, quasi platonica, di Raffaello. L'enigmatica figura femminile che costituisce il soggetto dell'opera appare fatta di cera o di porcellana e rivela la passione di Correggio per le asimmetrie. La donna, infatti, è presentata di tre quarti, rivolta a sinistra. Lo sguardo misterioso e al contempo magnetico si fa spazio tra le fronde verdi di un arbusto, forse un alloro, alle sue spalle; a sinistra rami di edera avvolgono tronco e sassi, mentre sulla destra la vista si apre su un paesaggio collinare. L'abito scapolare di colore scuro, dal quale spunta un cordone francescano, la veste bianca stretta intorno al seno e la capigliatura suggeriscono l'origine nobile della donna. Molto probabilmente si tratta di Veronica Gambara, contessa di Correggio, vedova e governante del mini Stato dal 1518, oltre che poetessa amica di Bembo, del Bandello, dell'Ariosto, dell'Aretino, apprezzata secoli più tardi anche da Giacomo Leopardi. Veronica Gambara fu, nel suo piccolo, protettrice delle arti e degli artisti, e questo spiega l'aspetto aulico del dipinto e l'importanza che esso assume.

Databile al 1520 è il *Riposo durante la fuga in Egitto con san Francesco*, che fonde armoniosamente la lezione leonardesca – la vegetazione rigogliosa, le atmosfere sfumate – con quella di Raffaello – la perfezione classica delle figure, la serenità e la naturalezza dei volti –, all'interno di una composizione equilibrata. Al centro, la Madonna regge in grembo un Bambin Gesù che sembra quasi voler saltare fuori dalla tela per raccontare la sua testimonianza; la figura di Giuseppe, che porge i frutti alla Vergine, è controbilanciata da quella del santo in basso a destra, e insieme tracciano il movimento che percorre diagonalmente la tela, secondo una concezione geometrica che sarà la cifra perenne dell'artista emiliano. Secondo la stessa concezione, nella tela del *Noli me tangere* (1523-1524) Correggio dispone le figure lungo una linea trasversale.

Affettuosità famigliare dei rapporti e ritmi precisi sono i tratti distintivi di altri due dipinti: il piccolo capolavoro della *Madonna del Latte e un angelo* (1524 circa) e *Venere e Amore spiati da un satiro* (1527-1528 circa). La prima opera si caratterizza per la gestualità soffiata dei personaggi, dotati di estrema grazia e naturalezza; nella seconda, invece, Venere si contorce, voltandosi nel verso opposto rispetto al Satiro curioso, come in un piccolo contrappunto che converge nella stessa direzione. Correggio sarà sempre incredibilmente influenzato da un curioso vento che agita tutti i suoi personaggi e li riporta a una dimensione di realtà folgorante, come nel *Velo della Veronica* (1521), dove Cristo – dai tratti dolci e sfumati – è rappresentato nell'atto di parlare allo spettatore.

Pur non avendo mai soggiornato a Roma, a eccezione di un breve viaggio, Correggio opera in un ambiente ricco, stimolante, creativo ed evoluto – la provincia emiliana –, frutto dei processi di emancipazione, quella dal potere centrale e quella femminile, che qui si sono già compiuti. Isabella d'Este, sua cognata Lucrezia Borgia e, addirittura, la badessa di Parma sono alcune delle personalità di spicco che hanno lasciato il segno nella storia del Rinascimento italiano e con cui artisti, intellettuali, uomini politici e pontefici sono chiamati a confrontarsi all'inizio del XVI secolo.

Gli appartamenti della badessa, nel Convento di San Paolo, sono un campione perfetto per analizzare l'evoluzione del gusto in questo primo ventennio del Cinquecento e conservano una preziosa testimonianza dell'abilità inventiva e della sensibilità per il colore dell'artista emiliano. Egli viene chiamato a Parma tra il 1518 e il 1520 per affrescare il soffitto della Camera della Badessa. Un finto pergolato in legno, che lascia intravedere spazi infiniti, e una folta vegetazione decorano la volta della sala, divisa in sedici spicchi, ciascuno contenente un ovale e putti al suo interno: qualcuno è scomodamente seduto e un po' preoccupato, qualcun altro gioca e sorride. Sotto di loro, dipinte in monocromia all'interno di lunette, chimere e divinità classiche, talvolta vecchie e barbute, dall'aspetto grottesco e ironico, di moda all'epoca. I lunotti descrivono i quattro elementi – acqua, terra, aria e fuoco – e poggiano sopra delle doppie teste d'ariete, le quali reggono un drappo sottilissimo nel quale, con naturalezza e morbidezza totali, sono appoggiati gli oggetti che agli elementi si riferiscono: il piatto d'oro, la grande brocca per l'acqua. Sopra al camino è rappresentata Diana, con indosso vesti leggere, intenta a salire sul suo carro verso l'Olimpo, stringendo il suo mantello ceruleo della notte.

In questo mondo, dove si tenta una conciliazione tra l'antichità e il cristianesimo, compaiono quindi Saturno, Giove e le Parche, rappresentate sopra una tenda che contiene la scure che taglia la vita. Cicli narrativi posti l'uno sopra l'altro dove giocano tutte le follie di allora, creano un cocktail curioso fra Antico e Nuovo Testamento, immagini ispirate al poema cavalleresco di Torquato Tasso e figure mitologiche: un tentativo di riassumere tutti i temi e le vicende del Quattrocento. Infine, un cielo luminoso, che si spalanca al centro della stanza, ricorda il Mantegna della Camera degli Sposi.

La natura antica e le figure che popolano la Camera di San Paolo sono dotate di una tridimensionalità assoluta; l'iperdecorazione – che non cancella la tradizione quattrocentesca, bensì la rielabora inserendola in un quadro unitario e compatto in cui ogni elemento esiste in funzione dell'altro – trasforma la materia pittorica in pietra, avorio e stucco e ne modella le forme: è questa la magia di Correggio.

Una magia che, però, si spegne molto presto. Correggio muore infatti improvvisamente nel 1534. Poco prima realizza altri quattro capolavori per il duca di Mantova, Federico II Gonzaga, in quello che viene chiamato il ciclo degli *Amori di Giove* (1531-1534).

Nel *Ratto di Ganimede*, come narrato dal mito, Giove si trasforma in aquila e rapisce il giovane di cui si è invaghito. Correggio dipinge fedelmente l'episodio infondendo però alla scena uno spirito molto diverso: quello tipico del realismo padano, dove il cane ha un aspetto per nulla ideale.

In *Giove e Io* la ninfa viene conquistata dal dio che ha assunto le sembianze di una nuvola, riconoscibile dallo zampone che cinge e abbraccia la donna e che sembra in realtà quello di un grande orso. Nel cuore grigio della nuvola appare misterioso il volto di Giove, mentre quello di Io esprime tutto il suo godimento. Il corpo nudo della ninfa, ritratto di schiena e illuminato da una forte luce, è un rimando alla statuaria antica e ai grandi marmi romani, che così rappresentavano temi e soggetti amorosi.

La tela dedicata al mito di Leda, dove Giove prende le forme di un cigno, è rispetto alle altre più popolosa: attorno alla coppia sono ritratte le ninfe che si bagnano in un ruscello, a sinistra Cupido alato suona la lira mentre due putti soffiano in cornetti. La peculiarità del dipinto consiste nella dettagliata riproduzione del piumaggio del cigno, così realistico da poterlo toccare.

Infine, Danae, stesa voluttuosamente su due cuscini. La fanciulla accoglie Giove nel suo grembo sotto forma di pioggia dorata. La loro unione è facilitata da un genio alato, che solleva il lenzuolo con cui Danae si copre. La maestria di Correggio risiede qui nella grazia e nella dolcezza con cui rappresenta le avventure amorose di Giove, dando ai personaggi – divinità, ninfe, putti – volti e gesti umani, e portando così la pittura erotico-mitologica a un livello superiore.

7.
Un altro Rinascimento, da Bosch a Bruegel

Giudizio universale, affresco di Giotto, 1303-1305, Cappella degli Scrovegni, Padova.

Maestà d'Ognissanti, tempera e oro su tavola di Giotto, 1300-1306 circa, Gallerie degli Uffizi, Firenze.

In alto, *Sposalizio di Maria e Giuseppe*, affresco di Giotto, 1304-1306, Cappella degli Scrovegni, Padova.
In basso, *Compianto sul Cristo morto*, affresco di Giotto, 1303-1305, Cappella degli Scrovegni, Padova.

San Girolamo nello studio, olio su tavola di tiglio di Antonello da Messina, 1474-1475 circa, The National Gallery, Londra.

Madonna Salting (o *Madonna col Bambino*), olio su tavola di Antonello da Messina, 1460-1469 circa, The National Gallery, Londra.

Doppio ritratto dei duchi di Urbino, olio su tavola di Piero della Francesca, 1467-1472 circa, Gallerie degli Uffizi, Firenze.

In alto, *Trionfo di Federico da Montefeltro*, retro del *Ritratto di Federico da Montefeltro* (dal *Doppio ritratto dei duchi di Urbino*), olio su tavola di Piero della Francesca, 1467-1472 circa, Gallerie degli Uffizi, Firenze.
In basso, *Flagellazione*, tempera su tavola di Piero della Francesca, 1450-1460 circa, Galleria Nazionale delle Marche, Urbino.

Pala di Brera (o *Pala Montefeltro*), tempera e olio su tavola di Piero della Francesca, 1472-1474 circa, Pinacoteca di Brera, Milano.

Battesimo di Cristo, tempera su tavola di Piero della Francesca, data incerta (forse 1450-1460), The National Gallery, Londra.

Madonna di Senigallia, olio su tavola di noce di Piero della Francesca, 1470-1485, Galleria Nazionale delle Marche, Urbino.

In alto, *Cristo morto* (o *Lamento sul Cristo morto* o *Cristo morto e tre dolenti*), tempera su tela di Andrea Mantegna, 1470-1474 o 1483 circa, Pinacoteca di Brera, Milano.
In basso, oculo della Camera degli Sposi, di Andrea Mantegna, 1465-1474, Palazzo Ducale, Mantova.

Madonna della Vittoria, tempera su tavola di Andrea Mantegna, 1496, Musée du Louvre, Parigi.

Gioconda (o *Monna Lisa*), olio su tavola di Leonardo da Vinci, 1503-1506 circa, Musée du Louvre, Parigi.

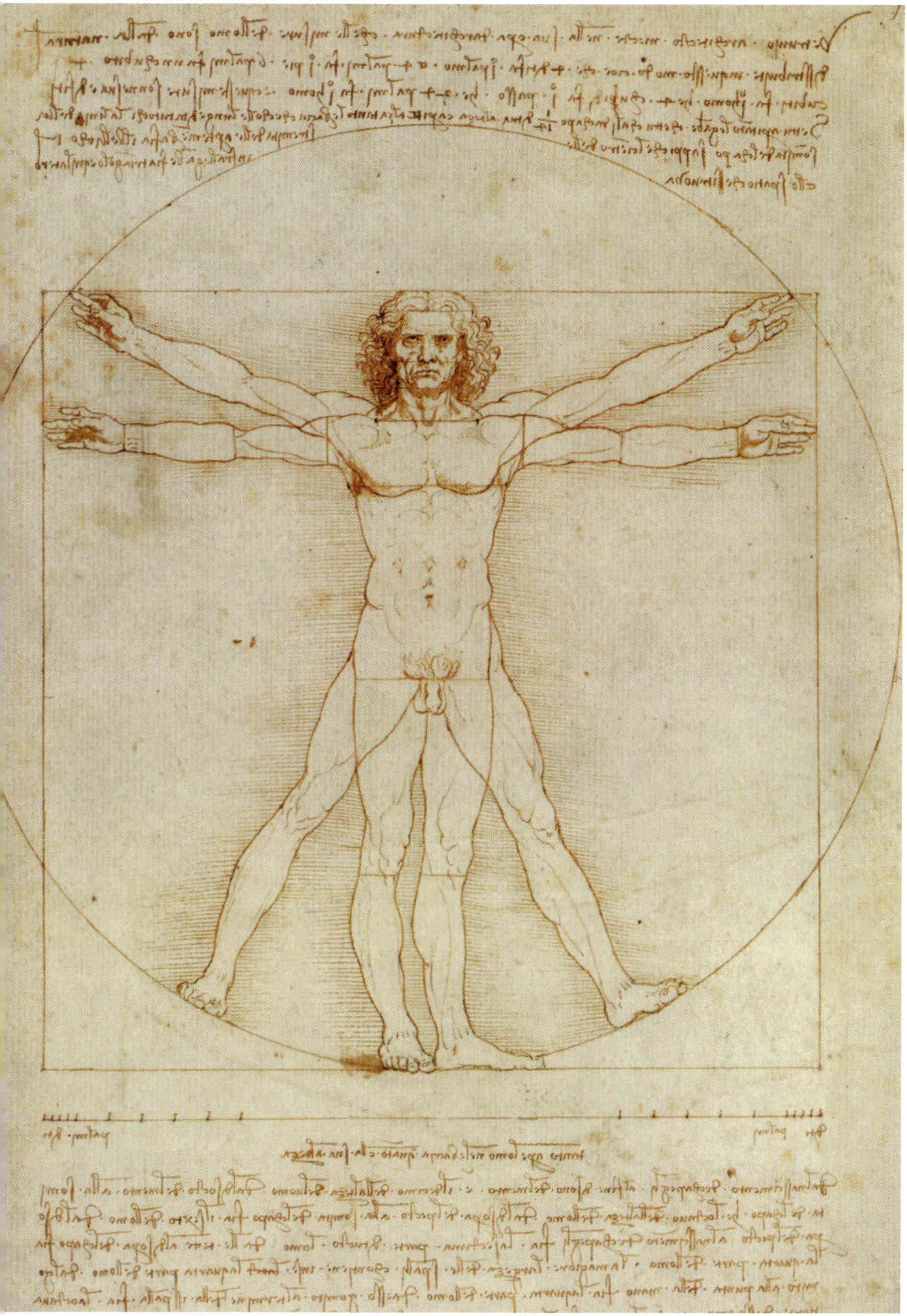

Uomo vitruviano, disegno a penna e inchiostro su carta di Leonardo da Vinci, 1490 circa, Gallerie dell'Accademia, Venezia.

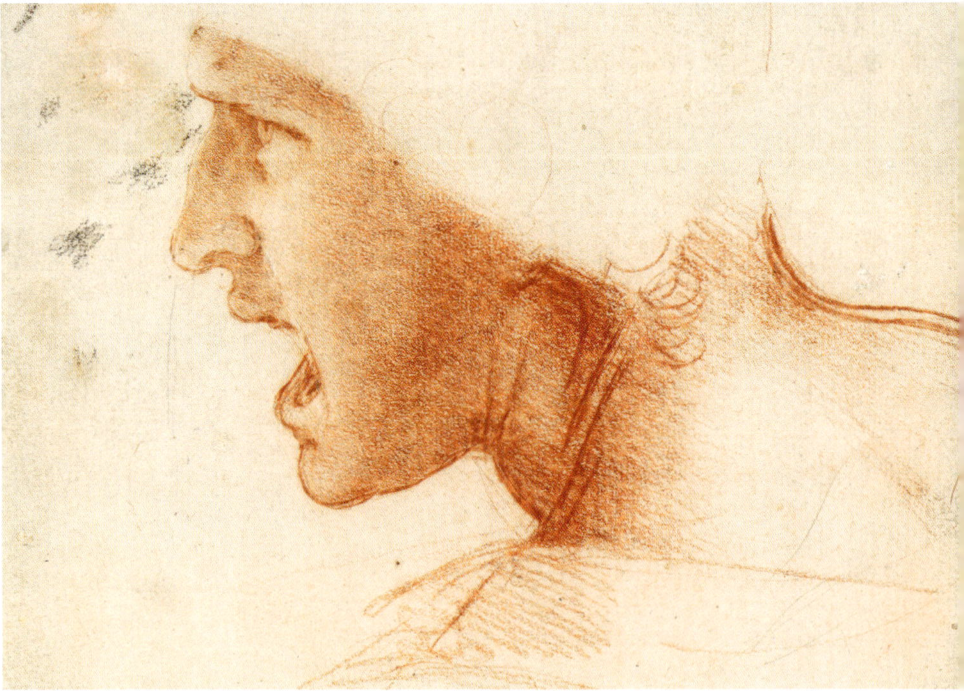

In alto, *Ultima Cena*, dipinto parietale con tecnica sperimentale di Leonardo da Vinci, 1495-1498 circa, Chiesa di Santa Maria delle Grazie, Milano.
In basso, studi di uomini per i soldati della *Battaglia di Anghiari*, di Leonardo da Vinci, 1504-1505 circa, Museum of Fine Arts, Budapest.

In alto, *Leda*, olio su tela di Correggio, 1530-1531 circa, Gemäldegalerie, Berlino.
In basso, *La Scuola di Atene*, cartone preparatorio, carboncino e biacca di Raffaello Sanzio, 1510, Veneranda Biblioteca Ambrosiana, Milano.

Ritratto di Leone X tra i cardinali Giulio de' Medici e Luigi de' Rossi, olio su tavola di Raffaello, 1518-1519, Gallerie degli Uffizi, Firenze.

Sposalizio della Vergine, olio su tavola di Raffaello, 1504, Pinacoteca di Brera, Milano.

In alto, *Trittico del Giardino delle delizie*, olio su tavola di Hieronymus Bosch, 1480-1490 circa, Museo Nacional del Prado, Madrid.
In basso, *Torre di Babele*, olio su tavola di Pieter Bruegel il Vecchio, 1563, Kunsthistorisches Museum, Vienna.

In alto, *Mietitura*, olio su tavola di Pieter Bruegel il Vecchio, 1565 The Metropolitan Museum, New York.
In basso, *Venere di Urbino*, olio su tela di Tiziano, 1538, Gallerie degli Uffizi, Firenze.

Venere allo specchio, olio su tavola di Tiziano, 1555 circa, National Gallery of Art, Washington DC.

In alto, *Amor sacro e Amor profano*, olio su tela di Tiziano, 1514 circa, Galleria Borghese, Roma.
In basso, *Autoritratto in uno specchio convesso*, olio su tavola convessa di Parmigianino, 1524 circa, Kunsthistorisches Museum, Vienna.

Dettaglio della decorazione sul soffitto della Camera della Badessa, affresco di Correggio, 1519, Monastero di San Paolo, Parma.

In alto, Villa Emo di Palladio, Fanzolo di Vedelago (Treviso).
In basso, facciata di Villa Barbaro di Palladio, Maser (Treviso).

In alto, facciata di Villa Almerico Capra di Palladio, conosciuta anche come La Rotonda, Vicenza.
In basso, facciata della Villa Pisani di Palladio, Bagnolo (Vicenza).

In alto, *L'incoronazione della Vergine,* olio su tela di Annibale Carracci, post 1595, The Metropolitan Museum of Art, New York.
In basso, *Venere circondata da Grazie e amorini*, olio su tavola di Annibale Carracci, 1590-1595, National Gallery of Art, Washington DC.

Il sogno di santa Caterina d'Alessandria, olio su tela di Ludovico Carracci, 1593 circa, National Gallery of Art, Washington DC.

In alto, *Il compianto*, olio su tela di Ludovico Carracci, 1582, The Metropolitan Museum of Art, New York.
In basso, *La ronda di notte*, olio su tela di Rembrandt, 1642, Rijksmuseum, Amsterdam.

Rubens, Hélène Fourment e il loro figlio Frans, olio su legno di Pieter Paul Rubens, 1635 circa, The Metropolitan Museum of Art, New York.

Autoritratto, olio su tela di Rembrandt, 1659, National Gallery of Art, Washington DC.

La Lettera d'amore, olio su tela di Jan Vermeer, 1669-1670, Rijksmuseum, Amsterdam.

Strane apparenze e spaventevoli sogni

Nel periodo in cui, nel Nord Europa, l'intellettuale borghese comincia a conquistare la sua libertà di pensiero, i Paesi Bassi sono un crogiolo artistico ricco di stravaganze e innovazioni. A dominare la scena è Hieronymus Bosch, il visionario fiammingo che rappresenta in una grande allegoria intellettuale il passaggio tra il Medioevo e la modernità che arriva. Allucinazioni, mostruosità, incubi pieni di mistero traducono in pittura la follia elogiata da Erasmo da Rotterdam e riflettono simbolicamente la corruzione del mondo. Esemplare è il *Trittico del Giardino delle delizie*, che conduce lo spettatore dal bosco magico dell'Eden alla cacofonia di un presente dissipato fino ad approdare al fuoco dell'inferno in cui si scatena la vendetta di Dio. Altrettanto forte il *Trittico del Giudizio di Vienna*, dove macchine trita-esseri umani, satanassi torturatori e avide streghacce puniscono, e insieme incarnano, i vizi capitali, che, in un altro celebre dipinto, sono racchiusi in un occhio la cui pupilla è Cristo, intento ad ammonire l'umanità.

A raccogliere l'eccentrica eredità di Bosch arriva Pieter Bruegel il Vecchio. Nelle sue opere – tra le più celebri la *Torre di Babele* e *Il Trionfo della Morte* – l'approfondimento grottesco delle passioni umane si fa più concreto e realistico e i dettagli cari al maestro si fanno domestici, quotidiani, ironici, come nella *Lotta tra Carnevale e Quaresima*. Il suo sguardo, umanissimo e iperrealista, illumina ogni angolo di questo universo nuovo, in cui tutti hanno diritto a una voce, da Margherita la pazza al più umile dei contadini.

Elogio della follia

Alla fine del Trecento, le Fiandre e l'Olanda diventano parte del ducato di Borgogna: Bruges ospita la corte, mentre le altre principali città sono sedi delle corporazioni commerciali e artigianali, floridi centri animati dalla presenza di ricche famiglie e raffinati banchieri, soprattutto italiani.

A livello artistico, sono i fratelli van Eyck a promuovere un nuovo linguaggio pittorico – volto a mostrare il realismo della natura e dell'uomo, in particolare attraverso uno studio approfondito della luce –, che avrà grande influenza in tutta Europa.

Nel Cinquecento, la pittura fiamminga e olandese si concentra su una narrazione spontanea e, spesso, moraleggiante della vita popolare, grazie ad artisti quali Bosch e Bruegel il Vecchio, entrambi decisi a mostrare la satira, il grottesco, il fantastico, l'eccentrico, e a muovere una critica all'uomo del tempo, depravato, disonesto, smarrito e lontano dalla spiritualità, attaccato al materialismo e agli agi, folle.

E proprio nel 1511 Erasmo da Rotterdam pubblica l'Elogio della Follia, testo scritto, sembra, durante un viaggio a cavallo compiuto da Basilea all'Inghilterra. Critica all'inconsistenza intellettuale di quegli umanisti che parlano, parlano, ma non sanno più di che cosa, questo saggio – che avrà grande fortuna letteraria – è figlio della sua terra, quel mondo alternativo, dotato di fantasie proprie, che va da Rotterdam a Basilea, la cosiddetta area renana, all'interno della quale è nata, forse, la follia dell'Europa del Nord, che si ritrova anche nei quadri di alcuni fiamminghi.

Il Medioevo del Nord si era concluso con una trasformazione radicale della società, ovvero con l'estensione del pensiero dell'individuo: la borghesia che si stava affermando nella miriade di città libere stava anche generando una nuova forma di intellettuale non più assoggettata alla volontà del principe, bensì solo ai voleri dei propri princìpi. L'umanista nordico, proprio come il borghese, è un uomo concreto, antenato di Kant, Marx e Nietzsche.

Il Cinquecento è quindi un periodo di forte stravolgimento: il Medioevo è al suo tramonto, la Riforma luterana bussa alle porte, l'Europa mercantile e politica, con la scoperta dell'America, sposterà il baricentro della politica internazionale, e i Paesi Bassi diventano un crogiolo culturale e artistico, dove tradizione popolare e immaginario pauroso, scoperte tecnologiche e innovazioni pittoriche, bizzarrie e squilibri convivono da sempre.

Fantasticherie, libertà, morale

Un pittore poco conosciuto ai più, ma estremamente significativo, è Konrad Witz, nato all'inizio del Quattrocento a Rottweil e morto nel 1445 circa a Basilea. Coetaneo di Piero della Francesca – sicuramente più rozzo di lui –, egli contiene una propria metafisica che si sviluppa in spazi altrettanto astratti ed è in un qualche modo il vero nonno di Arnold Böcklin e di De Chirico.
In *I Cavalieri Abisai, Sibbecai e Benaja portano acqua al re Davide* (1430-1435) vediamo bizzarri cavalieri che sembrano usciti da racconti misteriosi, con armature *high-tech* e mani perfettamente realistiche.
I suoi seguaci dipingono quadri che sembrano fiabe della nostra infanzia, fatte ieri mattina, e che in realtà sono dipinti religiosi che hanno più di cinquecento anni (Meister von Sierentz, *San Giorgio che uccide il drago*, per esempio). Il mondo dei cavalieri alla ricerca del Graal o della dama è in realtà un mondo alla ricerca della propria libertà. Gli artisti di quest'epoca raccontano un universo pieno di fantasticherie, dove la Madonna e Cristo sembrano i monarchi di un incerto Oriente nordi-

co, e dove il re persiano Cosroe (dipinto da Meister der Basler Chosroes), in un attacco di follia (e di tracotanza), si traveste a sua volta da Dio Padre e si siede in un'edicola che sembra quasi una giostra.

In questo panorama artistico la morte è onnipresente e bonaria, come in un racconto gotico. Lo si vede in *La Morte e una donna* (1520), un piccolo quadretto a tempera di Hans Baldung. Qui uno scheletro dà alla giovane un morso lascivo e letale, come uno zombie affamato di carne viva. La povera ragazza ha una postura molto sensuale, che tuttavia stride con il suo volto incapace di trattenere le lacrime, pieno di paura e disgusto. Forse è stata improvvisamente sorpresa dalla morte.

La lettura morale del tema è evidente: non importa quanto sei giovane e bello, alla fine perderai questa componente così caduca. Il dipinto è quindi un cocktail di *vanitas, memento mori* ed erotismo, dove Eros e Thanatos convivono.

L'illimitata fantasia del pittore del bosco

«Girolamo Boschi Fiamengo, che nel rappresentare strane apparenze e spaventevoli e orridi sogni fu singolare e veramente divino»: così il pittore e trattatista italiano Giovanni Paolo Lomazzo, nel suo Trattato dell'arte de la pittura, scoltura et architettura del 1584, inquadra Hieronymus Bosch, il visionario fiammingo in grado di mediare tra le follie del Medioevo e la nuova cultura crescente.

Nonostante i suoi quadri siano popolati da grifoni, unicorni, uccelli a tre teste, draghi sputafuoco, strani strumenti musicali con gambe e braccia, pesci demoniaci, uomini deformi e quant'altro popoli i peggiori incubi, Bosch non è un direttore di uno stravagante, chiassoso e inquietante circo di delizie e orrori, bensì un raffinato intellettuale che tenta di riassumere la fine del Medioevo e di traghettare la propria visione verso una modernità ricca di nuove fantasie. Il mondo onirico del pittore è popolato di allucinazioni e visioni, di immagini diaboliche, di mostruose trasfigurazioni, di ambiguità e mistero, tutti elementi simbolici di una denuncia della corruzione e della perdizione del mondo.

L'artista, nato tra il 1450 e il 1455, si chiama in realtà Jeroen Anthoniszoon van Aken, perché i suoi avi erano originari di Aquisgrana, la città dell'imperatore Carlo Magno, cuore di quel mondo della cultura che si affaccia sulla riva sinistra del Reno. Trasforma il suo nome in Bosch, in onore del luogo natale, 's-Hertogenbosch, che si trova nel «bosco del duca» di Brabante. Nonostante si conosca poco della sua biografia, si sa della sua educazione pittorica nella bottega di famiglia e che egli svolse tutta la sua attività nella città natale, in disparte rispetto ai principali centri artistici dei Paesi Bassi, alla cui influenza fu praticamente indifferente.

Bosch si dedica soprattutto a dipinti dal soggetto allegorico, capace di superare la tradizione pittorica fiamminga a lui precedente e contemporanea, fatta di armonia ed equilibrio, e di approdare, modernissimo, a una potenza espressiva strabiliante, in grado di risvegliare la ragione e la coscienza rispetto alle storture dell'umanità. I suoi quadri portano in scena i grandi temi religiosi (soprattutto) – come i sette peccati capitali, la parabola del figliol prodigo, le tentazioni di sant'Antonio, l'Adorazione dei Magi, il Calvario di Cristo, Adamo ed Eva –, declinandoli secondo un linguaggio del tutto innovativo, geniale e visionario, grazie al quale il mondo reale si mescola al fantastico, dove inferni e paradisi, nani e giganti, mostri e animali, credenze popolari e citazioni letterarie convivono.

Tra le sue opere più famose e complesse c'è il Trittico del Giardino delle delizie, realizzato intorno al 1500, espressione lucidissima della transizione tra Medioevo gotico e Rinascimento. Di quest'ultimo, però, tipicamente italiano, Bosch propone «un'alternativa» che si allontana dal mito della classicità, della purezza e dell'ordine, per giungere a invenzioni, fantasticherie, visioni fondate sull'irrazionalità, sull'incubo e sulla follia.

Il grande dipinto è composto da un pannello centrale quadrato affiancato da due «ali» rettangolari mobili che permettono la chiusura del trittico. Una volta piegata verso l'interno, questa coppia di pannelli mostra una rappresentazione della Terra durante la Creazione. Le tre scene del trittico aperto sono probabilmente da leggersi da sinistra verso destra: la tavola di sinistra rappresenta il Giardino dell'Eden, dove Dio è il fulcro dell'incontro tra Adamo ed Eva e ovunque c'è armonia; quella centrale il Giardino delle delizie, allegoria dell'esagerato godimento del piacere, con figure nude, animali immaginari e frutti succosi di grandi dimensioni; quella di destra l'inferno musicale, metafora della stridente schiavitù dal vizio e monito sui tormenti della dannazione.

Ricco di simboli e allegorie complesse, stravagante enigma difficilmente decifrabile per la storia dell'arte, il trittico sembra proporre a chi osserva una narrazione che va dal passato, dalla serena compostezza del paradiso terrestre, al presente, cioè all'iperbole del piacere dei sensi, fino al futuro, visto come infernale cacofonia derivante dall'allontanamento da Dio e dalla religione.

Passato, presente e futuro – così come gli animali, gli uomini, i vizi e le virtù – non esisterebbero, però senza un prologo, e cioè il terzo giorno della Genesi, quando Dio creò la Terra. Il trittico chiuso è dipinto con la tecnica della grisaglia, con sfumature bianche e grigie, così che i colori brillanti usati dal pittore per l'opera aperta possano risaltare ancora di più, e di conseguenza destare meraviglia. Immersa e sospesa nel silenzioso buio del vuoto, una sfera contiene la Terra appena creata, sovrastata dalle nuvole. Prima dell'arrivo di uomini e animali, Dio dà vita a elementi vegetali dalle forme inusuali e a formazioni rocciose. Il Creatore, luminoso ed etereo, è in alto a sinistra, coronato, con una mano tiene un libro e con l'altra benedice tutto ciò che si materializza davanti ai suoi occhi. Ipse dixit et facta sunt: la sua voce è armonia sublime, in grado di ordinare come uno spartito l'intero universo e di dare la vita.

All'apertura delle due ante color grigio-spento ci si trova scaraventati in un universo febbrile di forme, colori, stimoli visivi e immaginativi di ogni tipo. Così come l'uomo entra a far parte della Creazione, l'osservatore dell'opera «entra» nel dipinto aperto.

Nel Giardino dell'Eden la fantasmagoria è fatta di innocenza ed equilibrio. L'incontro dei progenitori è mediato dall'Onnipotente, che è rappresentato da Bosch come un giovane che emana eterna bellezza: ha i tratti del Figlio, il Verbo, colui grazie al quale tutto fu creato («In principio era il Verbo e il Verbo era presso Dio e il Verbo era Dio», Vangelo di Giovanni 1,1). La tunica rosa di Christus riprende il colore di quella che da molti critici è stata riconosciuta come la Fontana della vita, da dove l'acqua zampilla per irrigare il terreno fertile tutt'intorno. Questa tonalità è fortemente simbolica: viene dal rosso, emblema della Passione e del potere, e dal bianco, che richiama il candore, la purezza, l'innocenza e l'amore casto.

L'attaccamento di Dio alle sue creature è simboleggiato dalla sua mano che tiene il polso di Eva e dai piedi di Adamo che toccano la veste del Padre. L'unione della coppia primigenia, innervata da un flusso di energia grazie al tocco del Creatore, ha senso solo all'interno dell'amore divino, solo se continuamente toccata dal divino. Il sesso è quindi cosa buona, in questo pannello, poiché predisposto dall'Altissimo per generare altri uomini e donne e dare piacere. Nel creato, che sembra una sorta di bosco magico, c'è armonia, tutti seguono la loro natura, quasi a voler anticipare la teoria evoluzionistica: i predatori compiono i loro riti da carnivori (un leone banchetta con una preda e un gatto con un topo), il girino esce dall'acqua e diventa terrestre, l'elefante passeggia con una scimmia sulla schiena.

Ma, come farà in altri suoi dipinti, qui Bosch fa anche dialogare l'ordinario con il fantastico: ecco quindi che una miriade di animali – reali e frutto dell'invenzione – sono fra di loro a colloquio, come in uno strano fumetto fantasy ante litteram: c'è un volatile a tre teste, una giraffa bianca, un unicorno che si abbevera accanto a cervi, un maiale che litiga con un draghetto, cigni, papere, mostri dal corpo di tanti uccelli diversi che ingoiano anfibi, strane balene sottodimensionate.

L'inesauribile creatività del pittore si manifesta anche nella profusione di alberi e frutti, more giganti (secondo alcuni critici ananas). Sullo sfondo, sopra a una roccia dal vago sentore fallico, c'è una palma, sul cui tronco è attorcigliato il famoso serpente simbolo del maligno, pronto a distruggere quei due esseri perfetti. L'albero è quindi probabilmente quello della conoscenza del Bene e del Male, dal quale Adamo ed Eva prenderanno il frutto proibito, finendo soggiogati alla sofferenza, al dolore, alla fatica.

Dal Giardino dell'Eden si passa al pannello centrale: Il Giardino delle delizie, luogo dove gli uomini, la cui perfezione è ormai corrotta, si lasciano andare ai piaceri dei sensi, all'insegna dell'esagerazione, della frenesia e dello stordimento. La scena pullula di tanti piccoli dettagli, corpi, pose più o meno lascive, uomini, donne, animali vari ed eventuali, fiori, frutti, oggetti. Le figure sono impegnate tra loro, in amplessi consumati alla luce del sole, senza vergogna, oppure intente a raccogliere e a divorare famelicamente i succosi prodotti degli alberi, a volte vengono persino imboccati dalle bestie. Tutto e tutti sembrano essere travolti dalla passione licenziosa, tutto e tutti sono esagerati, iperbolici.

Nella fascia centrale del pannello si trova la fonte della giovinezza, dentro la quale si bagnano felici i corpi nudi di donne angeliche, mentre tutt'intorno si muove uno strambo corteo che gira ossessivamente in tondo, composto da uomini nudi a cavallo di dromedari, orsi, cavalli, capre, cervi, asini, felini vari e creature mitologiche quali unicorni e grifoni. È l'umanità indotta dai vizi in un girotondo che acceca e confonde, fino a trascinare, peccato dopo peccato, dritti all'inferno.

Ovunque spuntano piccoli sketch surreali, come un personaggio che trasporta una cozza gigante dentro la quale c'è una coppia appartata, o il gruppo di persone intente a camminare a testa in giù dentro strane armature-guscio colorate. Se nel Giardino delle delizie c'era equilibrio, coerenza e simmetria, qui c'è disarmonia, data non solo dall'assurdità dei momenti ritratti, ma anche dalle sproporzioni dei vari oggetti e persone (sottodimensionati o sovradimensionati, sicuramente ben lontani dal vero).

Nella parte superiore della tavola ci sono le allegorie del labirinto della volontà e della fontana dell'adulterio: il piacere sessuale non è più benedetto da Dio, anzi, è un qualcosa di contro natura. Qui il Creatore – non stupisce – non appare: è il regno della stravaganza, delle fissazioni, delle passioni, dove l'uomo vive scollegato da tutto, in primis dalla virtù cristiana, in uno sbrodolante eccesso di qualsiasi cosa e azione. La modestia sensuale di Eva che, nella sua nudità, non guarda Adamo negli occhi, non esiste più: in questo luogo di perdizione rispondono all'appello solo la corruzione interiore, l'abbandono ai piaceri, le aberrazioni, l'allontanamento dalla temperanza.

Una scena carica di brusii, rumori, squittii, stridii di civette, versi bestiali, gemiti, urla, dove tutto è fuori luogo e dove il troppo stroppia.

Quando nella pittura di Bosch appare un gufo, è il presagio che qualcosa di straordinariamente diabolico sta per accadere: in basso a destra ne Il Giardino delle delizie, eccolo quindi comparire, con i suoi occhi spalancati, trasportato su una superficie vegetale da due figure danzanti ornate di ciliegie, frutti che rappresentano la lussuria e il peccato. Il rapace notturno è testimone incredulo di tutto ciò che di brutto poteva nascere da quel peccato originale e conduce lo sguardo dell'osservatore all'ultimo pannello, nel quale l'ira di Dio si scatena in un mondo di vendetta. È L'inferno musicale, dove si possono vedere nero su bianco le conseguenze di comportamenti smodati e sregolati, la condizione degli uomini che in vita non si adattano alle regole del Creatore.

Ecco, quindi, un mondo alla rovescia, dove tutto è capovolto, dove figure grottesche e bizzarre vengono sottoposte a svariate torture inflitte da bestie allucinanti e allucinate, raffigurazioni che si rifanno ai grylloi alessandrini di Antiphilos, un genere di raffigurazione in cui compaiono mostri brutti, deformi e caricaturali, spesso uomini con teste animalesche. La musica e il canto, che nel trittico chiuso generavano la vita, sono scomparsi, scalzati da un allucinante frastuono che assorda, da un trambusto che si fa protagonista.

Gli esseri umani, che nel pannello centrale sfruttano loro simili e arnesi vari per il proprio godimento, schiavi delle passioni, ora diventano oggetti che, con la loro sofferenza e il loro tormento, danno piacere ai loro vizi personificati in esseri anormali, orrendi, perversi, paurosi, e vengono assoggettati da un dispotico tiranno che prende il nome di degenerazione. Gli strumenti musicali, da sempre simbolo di letizia e di divertissement, si tramutano in strumenti di tortura umilianti, come l'arpa che tiene un uomo crocifisso alle sue corde, o il liuto che imprigiona un'altra figura e la soggioga agli assalti di un drago, o esseri demoniaci dal becco a forma di piffero...

Se nel pannello centrale a dominare era la lussuria, in questa scena infernale vengono puniti tutti i peccati cardinali: gli avari, per esempio, vengono divorati e immediatamente espulsi dall'ano di una creatura teriomorfa con la testa di gufo seduta su una specie di gabinetto infantile; i golosi si trovano seduti sopra dei rospi in una taverna collocata dentro un uomo-albero – che guarda, tra il compiaciuto e il sofferente, cosa gli sta accadendo – e aspettano di essere serviti da diavoli e altre creature sgradevoli; gli invidiosi, invece, sono torturati mediante immersione nell'acqua ghiacciata.

In basso a destra un uomo viene castigato per la sua avidità da una scrofa con un velo di suora (una critica, probabilmente, anche al clero), che lo costringe a firmare documenti. Il gruppo di figure in basso a sinistra rappresenta invece i malati di gioco e scommesse, amanti dei dadi e delle carte, trafitti da guerrieri demoniaci.

Infine, in alto a sinistra, quello che potrebbe essere il riassunto di tutto: fra un paio di orecchie, dove per natura si troverebbe una testa umana – e quindi un cervello pensante –, Bosch colloca invece una lama affilata di un pugnale, interpretabile sia come ulteriore simbolo fallico, sia come materializzazione dei perversi pensieri umani, sia come morte dell'intelletto.

La morale boschiana è evidente in tutto il dipinto: l'uomo che allontana Dio dalla propria vita si ritrova ben presto vittima di atroci sofferenze, in un universo caotico, aberrante, buio, rovinoso, devastante, dove tutto è orrore, anticipazione dell'inferno sulla Terra, creato dall'uomo stesso, incapace di controllarsi.

Gioielli medievali

Un'interessante e importante matrice di idee per i dipinti di Bosch sono piccole e particolarissime spille di metallo che si portavano nel Medioevo sulle vesti e che significavano le appartenenze degli ordini, delle congreghe o l'essere pellegrini. Esse avevano forme strane, rappresentavano figure allucinate, oggetti fuori dal comune con gambe umane e teste di pesci. Tra la metà del Trecento e il Cinquecento, nei Paesi Bassi, in Belgio, in Francia e in Inghilterra, era in voga indossare spille con forme che richiamavano i genitali inserite in contesti di vita quotidiana: ecco quindi vulve dotate di gambe, a caccia, oppure portate al rogo da figure simili a peni, oltre a immagini di navi con velieri-fallo e donne che trasportano carriole colme di membri maschili. Questi simboli erano considerati capaci di allontanare gli spiriti maligni.

Mostri, peccati e stolti creduloni

Il tema del fantastico ritorna in molte altre opere di Bosch, il quale sceglie anche immagini del quotidiano e le trasforma in immagini dell'irreale. È il caso, per esempio, del *Trittico del Giudizio di*

Vienna (1482 circa), composto da un pannello centrale più grande e due sportelli laterali richiudibili, dipinti da entrambi i loro lati, e narrativamente impostato con il Giardino dell'Eden a sinistra e l'Inferno a destra, analogamente al *Trittico del Giardino delle delizie*. L'opera chiusa mostra san Giacomo maggiore in pellegrinaggio a sinistra e san Bavone, protettore delle Fiandre, che elargisce beni ai poveri prima di entrare in convento sulla destra. Anche qui, i pannelli sono monocromi, per catalizzare l'attenzione sui colori brillanti del dipinto una volta aperto.

E in effetti lo stupore dell'osservatore è grande, quando vede cosa racchiudono le ante. A sinistra *Il Giardino dell'Eden*, la cui narrazione pittorica si sviluppa su quattro registri: nella parte superiore Dio, in mandorla come da tradizione antica, è assiso al trono, circondato da nuvoloni nei quali lottano gli angeli fedeli e quelli ribelli, questi ultimi in forma di insetti. Sotto, immerse nel verde lussureggiante del Paradiso terrestre, tre scene emblematiche, da leggersi dal basso verso l'alto: la creazione di Eva dalla costola di Adamo, la tentazione del serpente e, infine, naturalmente, la cacciata dei progenitori, condotta da un angelo armato di spada minacciosa.

Il pannello centrale è dedicato al Giudizio universale, dove Dio è presente, sempre in alto, ma questa volta è dentro una luminosissima bolla, attorniato da angeli, apostoli, la Vergine e san Giovanni Battista, ed è pronto a giudicare i peccati degli uomini, questi ultimi ammassati nella parte inferiore del dipinto, tra cumuli di strumenti d'uso quotidiano e domestico, e vessati da esseri demoniaci dalle più svariate forme. Il gruppo di apostoli non si cura di quanto accade al piano di sotto – un pasticcio infinito che rappresenta in gran parte vizi capitali – perché, sembra suggerire Bosch, non è la protezione dei santi che salverà l'umanità, quanto il rapporto diretto di quest'ultima con la coscienza.

Lo scenario è orrendo, fatto di faccende improbabili, alcune spiegabili e altre meno. Difficile comprendere il signore che entra nella macchina trita-esseri umani per poi essere spedito in una doppia ruota mentre un satanasso gli infila tra le natiche un legnetto. Più facile è, invece, individuare il vizio di Gola, dove una strega fa bollire un essere umano in un calderone, e il succo di questa persona viene bevuto da un tizio in una casa e defecato in un barile, dal quale il peccatore è costretto a bere. Ci sono anche due stregacce che rappresentano l'Avidità: una è intenta a cucinare un essere in una padella, l'altra versa oro colato nell'orecchio di uno dei condannati. Un diavolaccio in armatura trascina via l'invidioso, la Lussuria è sdraiata in mezzo a un gruppo di animali fetenti, mentre la Superbia è circondata da un'allegra bestia azzurra dal naso a forma di piffero e da un drago. Ce n'è per tutti i gusti.

La coscienza diventa inconscio: mostri di varie forme e dimensioni, bizzarri frati accidiosi costretti, dopo una vita a non far nulla, a ferrare per sempre esseri umani. I disperati appesi su improbabili viti sono controllati da un avvoltoio, mentre diavoletti terribili pescano nello Stige dell'inconscio, e ovunque zampillano curiosi incubi.

Il confusionario e oscuro groviglio diventa inferno vero e proprio nel pannello di destra, dove il diavolo è bianco, come veniva rappresentato nelle miniature persiane del XVI secolo, ma anche nero, con il fuoco che gli cuoce in pancia. Bosch, con l'accumulo di creature mostruose ai limiti dell'inimmaginabile, richiama anche la fiaba nordica, che fa paura, ma, ossimoricamente, crea un'atmosfera in qualche modo domestica. Questo inferno è guerra, punizione, incendio, come quello di Rotterdam nel 1940, caduta in mano nazista, ma mezzo millennio prima. L'ironia, tuttavia, vince su tutto e rende il quadro assolutamente digeribile, ricco di dettagli che ancora oggi stupiscono, per una ricerca del particolare che non ha fine.

«*Cave cave D[omi]n[u]s videt*», «Attenzione, attenzione! Dio vede»: è questo il fulcro dei *Sette peccati capitali* (1500 circa), un'opera concepita inizialmente come ripiano di un tavolo e raffigurante i vizi all'interno di un medaglione centrale che ricorda un occhio, il quale ha come pupilla Cristo che ammonisce in latino. I sette peccati sono rappresentati attraverso scenette cariche di particolari: l'Ira, per esempio, è la rissa tra due paesani – uno dei quali ha persino un tavolino incastrato in testa – che si lanciano oggetti affilati e improperi, mentre una donna tenta invano di placarli; e la Superbia è raffigurata come una donna di spalle che si aggiusta l'acconciatura davanti a uno specchio tenuto in mano da un diavolo orrendo. Sui cartigli presenti sopra e sotto l'«occhio» che tutto vede, ci sono due scritte gotiche in latino: «È un popolo privo di discernimento e di senno; o, se fossero saggi e chiaroveggenti, si occuperebbero di ciò che li aspetta» e «Nasconderò il mio volto davanti a loro e considererò quale sarà la loro fine». Ai quattro lati della tavola, ci sono altrettanti medaglioni circolari, che rappresentano la *Morte di un peccatore* – dove un angelo e un diavolo aspettano di capire che fine farà l'anima del moribondo, che è a letto circondato dalle preghiere di uomini e donne di Chiesa –, il *Giudizio universale* – con Dio circondato da angeli che suonano le trombe –, l'*Inferno* – costellato delle mostruose figure a cui Bosch ci ha abituato, da satanassi intenti a infilzare i peccatori a scrofe alate e strani rettili sovradimensionati – e il *Paradiso* con i suoi beati.

Lo stile e il linguaggio di Hieronymus Bosch, fatti di visioni oniriche e incubi senza fine, di incendi e salvezze, di immaginario e verità, dove il grottesco, l'assurdo e il quotidiano convivono, furono diversissimi dai pittori fiamminghi del periodo e, soprattutto, lontani dalle influenze di quel Rinascimento italiano che si stava diffondendo ovunque. Il suo lavoro geniale e visionario affascina, suggestiona e influenza la storia dell'arte di ieri e di oggi (e di domani), così come i pittori nati dopo la sua morte, avvenuta nel 1516. È il caso, per esempio, di un suo conterraneo, sempre un uomo del Brabante, Pieter Bruegel il Vecchio, uno dei principali artisti del tardo Rinascimento fiammingo, nonché fine umanista, studioso appassionato della natura e attento agli aspetti della realtà.

Spazio all'imperfezione

Nato intorno al 1525-1530, Bruegel il Vecchio (indicato così per distinguerlo dal suo primogenito, anch'egli pittore) «incontra» Hieronymus Bosch sulle pagine dei libri, grazie all'incisore e editore Hieronymus Cock di Anversa, che lo incarica di riprodurre alcuni disegni del fiammingo.

La poetica di Bruegel prende spunto da quella di Bosch, prelevando l'attenzione al fantastico e la capacità di approfondire le passioni umane: in alcuni suoi dipinti, come i famosissimi Torre di Babele (1563) e Il Trionfo della Morte (1562 circa), si possono riconoscere i tratti di quella follia tipicamente nordica. Il primo è l'emblema massimo dello squilibrio: gli uomini lavorano indefessamente e faticano per costruire un edificio simbolo del loro sviluppo, che avrebbe dovuto accogliere tutti i popoli sotto un'unica lingua, ma alla fine non raggiungono il loro obiettivo perché, secondo la Genesi, Dio intervenne, non apprezzando la tracotanza, e impedì il completamento della struttura. Per rappresentare la Torre, Bruegel prende spunto dal Colosseo, che vide di persona durante un viaggio in Italia compiuto negli anni Venti del Cinquecento e che era considerato dai cristiani contemporanei al pittore come simbolo di hybris e persecuzione della fede, in quanto luogo di martirio per molti credenti. Ecco, quindi, che la grandezza dell'edificio contrasta con la piccolezza infinita degli uomini e di re Nimrod, colpevoli di superbia nel voler sfidare la potenza divina.

Nel Trionfo della Morte, tematica tipicamente medievale, invece, a farla da padrona è, naturalmente, la Signora con la falce a cavallo, intenta a trascinare con sé chiunque le capiti a tiro, con l'aiuto di tantissimi scheletri, che si danno un gran daffare – sembrano umanissimi: guidano carretti, suonano strumenti, rincorrono persone – nel contesto di un paesaggio infernale, brullo, incendiario, scuro.

Tuttavia, l'arte di Bruegel si fa più realistica e concreta rispetto a quella di Bosch: le sue scene sono cariche di dettagli come quelle del suo predecessore, ma questi prendono le forme di oggetti d'uso domestico e quotidiano, inserendosi in ambienti caotici, disarmanti e brulicanti, assolutamente ironici, e ancora oggi attualissimi, come nella Lotta tra Carnevale e Quaresima (1559), dove ha luogo uno scontro improbabile tra le due feste, impersonificate, al centro e rispettivamente, da un uomo pingue a cavallo di un barile con uno spiedo in mano e da una donna smunta e pallida, che inforca come arma da combattimento una pala con due misere aringhe. Sembra quasi di essere a una festa di paese, dove ognuno bazzica in giro, fa cose, saluta conoscenti, attacca brighe, mangia, danza, litiga, arraffa, corre, scappa, gioca.

L'interesse che Bruegel ha per la sua cultura e per l'umanità che lo circonda è sincero e mosso da un desiderio di mostrare con precisione, senza filtri e senza inganni, ciò che c'è di vero, anche se imperfetto, goffo, vizioso, disordinato. Non c'è disprezzo, bensì un tentativo, quanto possibile oggettivo, di dare voce al reale, all'iperreale. Spazio quindi, non più e non solo a strani fantocci mostruosi e animali fantastici, ma anche alle persone del popolo, con i loro difetti, fisici e psichici, che fanno baccano, urlano, festeggiano, si disperano, tremano, faticano. Tutti hanno diritto ad avere una voce, da Margherita la pazza ai contadini che banchettano, dagli storpi ai ciechi...

Da Bosch a Bruegel e da Bruegel a Bosch: è il 1563 quando Pieter realizza Margherita la pazza, opera che richiama evidentemente il maestro fiammingo, a tal punto che gli storici dell'arte ritengono che possa essere stata una richiesta del committente, un dipinto in pieno stile Hieronymus Bosch. Ecco quindi arrivare, dall'oscuro folklore nordico, Dulle Griet, allampanata strega che incarna l'avarizia, raffigurata qui molto più grande rispetto a tutto ciò che la circonda. Armata di spada e con indosso una specie di armatura, la donna corre affannata verso la bocca di uno strano essere, un po' gigante, un po' troll, dagli occhi sbarrati, i denti aguzzi e i peli che escono dal naso. Il suo orifizio sembra essere la porta d'accesso a un mondo infernale, da cui fanno capolino esseri demoniaci intenti a divorare uomini. Margherita è carica di oggetti, che probabilmente, dopo aver maniacalmente ammassato e fatto suoi, vuole nascondere da qualche parte per custodirli in sicurezza: una cesta e un paiolo di utensili, vasi, anfore, piatti, un sacco e un forziere. Attorno a questa scena centrale Bruegel colloca altre storie, brulicanti di dettagli e curiosità: c'è un gigante che tiene sulla schiena, a fatica, una sorta di canoa con una bolla trasparente che imprigiona degli esseri umani, e dal suo sedere a forma di uovo cerca di espellere monete (forse l'antitesi della strega che accumula), ci sono bizzarri personaggi con il corpo a uovo e gambe umane, animali frutto della fantasia e altri uno strano mix fantasia-realtà.

Opera di difficilissima interpretazione, Margherita la pazza offre lo spunto per varie riflessioni: c'è chi ci vede l'allegoria dell'avarizia e della stoltezza del male, chi la guerra e gli orrori che ne derivano, chi, ancora, una lotta tra i sessi, ancora molto contemporanea. Un dipinto enigmatico, che racchiude in sé oscuri misteri e, naturalmente quella follia che, come scriveva Erasmo da Rotterdam, «spesso [...] parla a proposito», ricordandoci che, a volte, se presa a giuste dosi, ha «il dono di rallegrare gli dèi e gli uomini», esattamente come l'arte.

Genesi 11, 1-9

«Tutta la terra aveva una sola lingua e le stesse parole. Emigrando dall'Oriente gli uomini capitarono in una pianura nel paese di Sennaar e vi si stabilirono. Si dissero l'un l'altro: "Venite, facciamoci mattoni e cuociamoli al fuoco". [...] Poi dissero: "Venite, costruiamoci una città e una torre, la cui cima tocchi il cielo e facciamoci un nome, per non disperderci su tutta la terra". Ma il Signore scese a vedere la città e la torre che gli uomini stavano costruendo. Il Signore disse: "Ecco, essi sono un solo popolo e hanno tutti una lingua sola; questo è l'inizio della loro opera e ora quanto avranno in progetto di fare non sarà loro impossibile. Scendiamo dunque e confondiamo la loro lingua, perché non comprendano più l'uno la lingua dell'altro". Il Signore li disperse di là su tutta la terra ed essi cessarono di costruire la città. Per questo la si chiamò Babele, perché là il Signore confuse la lingua di tutta la terra e di là il Signore li disperse su tutta la terra».

8.
Tiziano, maestro del colore e del ritratto

Un tripudio di luce

Quando Venezia perde il predominio sul mare e diventa regina di terra, i pittori di terra prendono il sopravvento e rivoluzionano il gusto. Tra loro trionfa Tiziano, con le sue Assunte e le sue Veneri, i suoi cavalli e i suoi cagnolini, le adorazioni dei Magi e i capricci di Zeus: un tripudio di luce e di colore. Il Vecellio, sospeso tra il sacro e il profano, dà corpo a un Rinascimento tutto sensuale, che non ha paura di niente e di nessuno. La sua fama si afferma in modo naturale e prepotente nelle principali corti italiane e, grazie all'intercessione dell'amico Pietro Aretino, perfino in quella dell'imperatore Carlo V e di suo figlio Filippo II.

Ma è sempre più sulle rive della laguna che il vecchio pittore intende trascorrere gli ultimi anni della sua lunga vita. Mentre si va imbiancando – e con lui i personaggi che mette in scena – la sua pittura muta ancora, fino a disfarsi sotto i pennelli per diventare materia pura, intensità drammatica, straordinaria anticipazione dei secoli a venire.

Tiziano, infatti, si lascia dietro una feconda eredità. A goderne primo fra tutti è Pieter Paul Rubens, sedotto dalla sua carnalità, e Diego Velázquez, affascinato dai suoi riflessi. Ma anche Gian Lorenzo Bernini e Antonio Canova, che lo traducono in scultura. Più avanti raccoglie il testimone Édouard Manet, che trasforma una divinità antica in prostituta d'alto bordo e chiude il cerchio. O quasi. A riaprirlo è Francis Bacon, in pieno Novecento, dimostrando ancora una volta quanto la vera arte, mentre sembra piegarsi allo spirito del tempo, viva per sempre.

Una nuova visione

Nato nel 1490 circa a Pieve di Cadore, Tiziano Vecellio, poi «solo» Tiziano, si trasferisce da giovanissimo a Venezia entrando a bottega dai migliori della sua epoca, cioè Gentile e Giovanni Bellini.

Quando muoiono Tiziano prende il loro posto come pittore ufficiale della Repubblica, ruolo che ricoprirà per moltissimi anni e che gli garantirà entrate costanti con le quali investirà nel commercio del legname delle sue montagne. Una carriera rapidissima, dunque, perché il Cadorino risponde come nessun altro a quella richiesta di rivoluzione del gusto che sta maturando a Venezia forse in corrispondenza al cambiamento degli orientamenti della Serenissima. Venezia, infatti, dal punto di vista politico-strategico ha ormai perso l'egemonia sul mare: i turchi hanno conquistato Costantinopoli, capitale dell'impero bizantino e da secoli colonia commerciale veneziana, e pochi anni dopo gli spagnoli scoprono il Nuovo Mondo. La città lagunare da potenza di mare tende quindi a farsi «regina di terra». Di conseguenza, gli artisti di terra – Andrea Mantegna da Padova, Cima da Conegliano, Giorgione da Castelfranco e ovviamente Tiziano dal Cadore – si fanno rappresentanti di una cultura visiva innovativa e portano in città le virtù fisiche della campagna. André Malraux riassumerà elegantemente il rapporto stretto e viscerale che il Vecellio ha con la sua terra: «Tiziano appendeva le sue Veneri alle nubi del Cadore».

Abeti del Cadore: il business dei Vecellio

Nel Cadore, dove nasce Tiziano, l'abete abbonda, ma a partire dalla fine del Quattrocento diventa una risorsa strategica per l'Arsenale di Venezia e per la continuazione dell'impero marittimo della Serenissima. La costituzione della Lega di Cambrai nel 1508 (un'alleanza militare contro Venezia formata dalle più grandi potenze europee) e la conseguente guerra sono fondamentali per la storia e la ricchezza del Cadore. Dopo alcune sconfitte della flotta veneziana e la perdita degli approvvigionamenti pugliesi, infatti, quest'area diventa centrale per la produzione del legname e per il suo trasferimento lungo le vie fluviali che partono dalle montagne e scendono fino ai cantieri navali della città lagunare. Ed è proprio questa risorsa strategica e fondamentale per la Serenissima che Tiziano sfrutta abilmente. Egli, accanto all'intensa attività artistica, amministra con stabile pragmatismo gli investimenti di famiglia, prevalentemente legati alle segherie e al trasporto del legname cadorino.

L'«agreste di montagna» porta a Venezia un nuovo modo di vedere, molto vicino a quello di un altro suo maestro, Giorgione, l'«agreste di collina» che ha inventato una nuova resa spaziale fondata sulla «pittura tonale», dove il colore, steso senza un profilo preciso, origina immagini morbide e graduate nella loro luminosità. Irrompono la natura e la fisicità, dunque anche il nudo di donna. Come quello della *Venere di Dresda* (o *Venere dormiente*, 1507-1510), prototipo giorgionesco (forse concluso da Tiziano) di un soggetto mitologico che sarà poi riproposto molte volte dal Cadorino, o quello delle due ragazze nel *Concerto campestre* (1509-1510). Quest'opera in particolare, terminata proprio alla morte di Giorgione, presenta un suonatore di liuto vestito di rosso e un ragazzo intento ad ascoltarlo, e in primo piano due figure femminili innaturalmente svestite. La fanciulla a sinistra sta versando acqua in una fontana, mentre quella collocata davanti ai due uomini sembra aver smesso di suonare il flauto per seguire anch'essa le note del giovane musico. Questa tela, oggi conservata al Louvre, ha forse ispirato Édouard Manet per la sua *Colazione sull'erba* (1863).

Amor sacro e Amor profano

Tiziano dipinge questa tela da giovane, quando è ancora influenzato dalla pittura di Giorgione e di Giovanni Bellini, suoi maestri. L'opera, fortemente allegorica, è criptica. In un paesaggio verdeggiante popolato di animaletti, cacciatori, pastori e una coppia di amanti, ci sono due donne in primo piano: una è vestita di bianco (secondo alcuni critici è una giovane sposa), l'altra è seminuda, e forse è la dea dell'amore Venere. Entrambe sono sedute su un sarcofago-fontana decorato con bassorilievi e pieno d'acqua, nel quale un cupido alato immerge un braccio. Il titolo del quadro potrebbe richiamare l'allegoria dell'amore celeste, puro e ideale – rappresentato dalla nudità della dea –, e di quello terreno, che è effimero e, appunto, profano – simboleggiato dalle vesti lussuose ed eleganti della sposa. Il dipinto è dotato di un forte senso prospettico, generato dal sarcofago in primo piano e dal paesaggio che si sviluppa in lontananza. Sembra che l'opera sia stata commissionata a Tiziano da Niccolò Aurelio, segretario della Repubblica veneziana, in occasione del suo matrimonio con Laura Bagarotto, celebrato nel 1514, anno della realizzazione della tela. Lo stemma dell'uomo è infatti dipinto al centro del sarcofago, mentre quello della moglie è disegnato nel fondo della bacinella che è appoggiata al monumento. Secondo alcuni critici, la donna vestita somiglierebbe proprio a Laura Bagarotto.

Due monumentali tele per i Frari

Nel 1518, Tiziano dipinge per la Basilica di Santa Maria Gloriosa dei Frari la pala dell'*Assunta*, un'opera grandiosamente scenografica che sorprende gli artisti a lui contemporanei, consacrandolo nell'Olimpo dei grandi pittori rinascimentali.

Qui il Cadorino fonde diversi livelli di lettura: la celebrazione del patriziato veneziano – la famiglia Pesaro finanziatrice della pala –, il tema religioso dell'Immacolata Concezione, caro ai Francescani del convento dei Frari, e la politica, con il trionfo mariano interpretabile come la fine del conflitto contro la Lega di Cambrai (che successivamente diventerà Lega Santa coalizzandosi con Venezia contro la Francia, ritenuta una minaccia grave per la penisola), sancita dal trattato di Noyon e dal recupero dei territori della Serenissima sulla terraferma.

L'Assunzione della Vergine viene dipinta in maniera nuova: non c'è più il tradizionale sarcofago – e i conseguenti riferimenti alla morte –, mentre tutto si concentra sul moto ascensionale di Maria, sulla folgorante apparizione divina e sullo sbalordimento creato da tale visione. La pala è suddivisa in tre parti sovrapposte ma unite da un continuo gioco dinamico di gesti, sguardi e linee.

Per la parte inferiore, Tiziano si ispira alle figure umili che vede nella sua quotidianità, a Venezia come nel Cadore: i barcaioli, gli agricoltori, gli artigiani sono i modelli per gli increduli apostoli che guardano Maria salire in Paradiso. La Vergine, avvolta da una luce divina, è appoggiata su una fitta coltre di nubi sorretta da angeli che divide il «popolare» dal divino, il terreno dall'ultraterreno. Infine, oltre la separazione, in alta quota, sta Dio Padre, che appare di scorcio e in controluce.

Tra il 1519 e il 1526 Tiziano realizza un'altra opera per i Frari, la *Pala Pesaro*. Qui i committenti hanno un ruolo di maggior rilievo, dal momento che non solo finanziano il monumentale dipinto, ma compaiono anche nella scena, occupando la parte bassa della composizione.

Il seggio di Maria col Bambino è spostato verso destra, in posizione rialzata e obliqua. Attorno a essa, sui gradini, si trovano i santi Pietro (con le chiavi appoggiate ai piedi), Francesco d'Assisi (con le stimmate) e Antonio di Padova o frate Leone (gli studiosi sono ancora incerti sull'identità della figura). Il Bambino, protetto dal velo della madre, è voltato verso l'Assisiate e sembra osservarne le stimmate con interesse, forse una prefigurazione della Passione.

Jacopo Pesaro, il committente, in ginocchio con le mani giunte, guarda san Pietro, il quale intercede presso la Madonna in linea obliqua diretta. Gli altri Pesaro hanno volti soddisfatti, propri di chi ricopre una posizione di potere. Fenomenale il fanciullo in basso a destra che guarda in camera per attirare lo sguardo dello spettatore. Grandiosa la visione architettonica, che sembra cinematografica.

San Pietro, aiutaci tu!

La *Pala Pesaro* ricorda un piccolo dipinto che Tiziano realizzò tra il 1503 e il 1506 sempre su commissione di Jacopo Pesaro per celebrare la vittoria della flotta veneziana sui turchi, avvenuta nel 1502: *Jacopo Pesaro presentato a san Pietro da papa Alessandro VI*. Qui il patrizio è sempre in ginocchio, ma questa volta viene raccomandato a san Pietro, assiso sul trono, da papa Alessandro VI Borgia. Il dipinto serviva forse a dimostrare che Venezia, nonostante le numerose minacce offensive da parte del papa Giulio II (e delle potenze europee), con il papato aveva sempre avuto buoni rapporti.

Un inseparabile trio

Nel 1508, Francesco Maria I della Rovere, figlio di Giovanna da Montefeltro, diventa duca d'Urbino. La piccola signoria marchigiana inaugura una bella stagione d'arte e di splendore: i della Rovere – Francesco Maria e la moglie Eleonora Gonzaga – sono infatti tra i primi a comprendere che sfarzo e fama si potevano ottenere anche grazie al mecenatismo. A Tiziano, che aveva già conquistato un ruolo di grande importanza nel panorama della pittura a lui contemporanea, viene quindi commissionata, nel corso degli anni Trenta del Cinquecento, una serie di opere da questi nuovi committenti.

In particolare, sono passati alla storia tre quadri realizzati per loro, ancora oggi custoditi insieme, presso le Gallerie degli Uffizi a Firenze: il *Ritratto di Francesco Maria I della Rovere* (1536-1538 circa), il *Ritratto di Eleonora Gonzaga, duchessa di Urbino* (1536-1538) e la *Venere di Urbino* (1538).

Il duca Francesco Maria I della Rovere viene dipinto a mezzo busto, in armatura, un oggetto altamente prezioso e costosissimo. La resa è incredibilmente realistica, sia per l'intensità psicologica sia per i diversi effetti materici – della piuma sull'elmo, del drappo di raso rosso dietro al duca, dell'incarnato, dell'armatura lucida e quasi tridimensionale – ottenuti grazie a un uso sapiente delle pennellate, modulate a seconda dello scopo.

Il caso di Eleonora Gonzaga, sua moglie, è ancora più intrigante. *In primis*, perché probabilmente è tramite la famiglia della moglie, cioè casa Gonzaga, che questa piccola nuova autocrazia locale prende contatto con Tiziano. Il secondo motivo è la sua splendida veste, in velluto scuro e seta bianca con sofisticatissimi intarsi dorati che ricordano dei piccoli papillon o delle caramelle. La duchessa indossa anche sontuosi gioielli, come una collana con pendente con perle a goccia, orecchini di perle, anelli. Il terzo motivo è la presenza di un cagnetto bianco e rosso, lo stesso che si ritrova identico, nella medesima posizione di riposo, nella *Venere di Urbino*.

Quest'ultimo dipinto ritrae una scena complessa, nobile e allo stesso tempo domestica e quasi semplice: un'ancella vestita di rosso si sta rimboccando le maniche e ha sulle spalle un tessuto prezioso, mentre un'altra, in ginocchio, vestita di bianco e con piccole scarpe candide molto chic, sta rovistando in un cassettone d'epoca alla ricerca di preziose vesti. In primo piano, invece, c'è lei, la Venere, con in mano un mazzetto di rose canine che sembrano in realtà rododendri, adagiata su un letto disfatto, in attesa di vestirsi. Conscia della propria nuda bellezza, la dea, qui umanizzata come se fosse una giovane aristocratica, è lussuosa nell'acconciatura – un'elaborata treccia che corona il viso dalla quale cadono sciolte lunghe ciocche di capelli biondo rame – e nel dettaglio di pochi gioielli: orecchini con pendenti di perle, un bracciale d'oro e un piccolo anello al mignolo.

Tiziano non ha per niente l'austerità tipica della Venezia di città. Porta con sé una visione completamente diversa, una sorta di sensibilità carica di sensualità. Il suo è un mondo misto di nudità palpabili e tessuti di lusso.

Uno sfregio oltraggioso

Quando si parla di Tiziano spunta sempre fuori il cagnolino bianco e rossiccio presente in molte sue pitture, talvolta addormentato, altre volte impertinente, spesso impegnato a osservare la scena o a interagire con i suoi personaggi. Per l'artista di Pieve di Cadore i cagnetti contano moltissimo.

Se nel *Ritratto di Eleonora Gonzaga della Rovere, duchessa di Urbino* e nella *Venere di Urbino* il piccolo animale fulvo riposa placido accanto alle padrone, nel *Ritratto di Clarissa Strozzi* (1542) siede composto su un piedistallo, accarezzato dalla protagonista, ovvero la figlia di Maddalena de' Medici e di Roberto Strozzi, dipinta durante l'esilio con i genitori a Venezia.

Il cagnetto cadorino è molto longevo: lo si ritrova sotto la tavola della *Cena in Emmaus* (la versione del 1540 circa), probabilmente intenzionato a mangiare eventuali avanzi, e nel *Ritratto votivo della famiglia Vendramin* (1543-1547), questa volta forse un po' spaventato, in braccio a uno dei bambini. In una *Venere con Cupido e pernice* del 1548-1550 circa il piccolo animale è invece ritratto con la lingua di fuori, attentissimo a far la posta all'uccello.

Ma la vicenda più curiosa (e tormentata, per Tiziano) legata a questa bestiola la si ritrova in un dipinto molto particolare, l'*A-*

dorazione dei Magi (1557-1560 circa), del quale il pittore e la sua bottega realizzarono tre versioni, una custodita presso la Veneranda Biblioteca Ambrosiana di Milano, una al Museo del Prado di Madrid e l'ultima al Cleveland Museum of Art. Il quadro originale, la prima versione, era stato commissionato da Ippolito d'Este, il cardinale sofisticato e letterato protettore dell'Ariosto, che voleva donarlo al re di Francia Enrico II. Per lusingarlo ulteriormente, il Cadorino aveva creato una cornice dedicata a Diane de Poitiers, amante del monarca: essa, che tutt'ora inquadra il dipinto conservato a Milano, presenta falci di luna, archi, frecce e corna di cerva, che rimandano alla dea della caccia Diana, confermando quindi il destinatario del dipinto. Per varie vicende l'opera non arrivò mai in Francia e quando giunse sul mercato il cardinale Borromeo di Milano, per non essere da meno nei confronti del suo «collega» romano, Scipione Borghese, che aveva comperato sul mercato d'arte l'*Amor sacro e Amor profano*, uno dei primi capolavori di Tiziano (1515), decide di acquistarla per la sua collezione dell'Ambrosiana.

Il quadro, ricco di dettagli, è diviso in due da un palo dipinto. Una scelta sorprendente ai nostri occhi, in quanto, pur non essendo pertinente all'episodio biblico, esso è collocato proprio al centro della composizione. Allo stesso tempo, però, una scelta ovvia per Tiziano, da sempre legato al legname. A destra c'è la carovana dei Magi guidata dalla stella cometa, che dallo sfondo arriva sino in primo piano. I personaggi sono abbigliati lussuosamente, con particolare attenzione al gusto per l'esotico. Al centro della composizione c'è un cavallo bianco in una posizione di una naturalezza quasi contadina, ritratto mentre abbassa il muso contro la zampa e guarda verso un punto che non sembra esistere, verso la base del palo (che non fu mai dipinta), forse semplicemente per grattarsi o forse per imitare il gesto di devozione del padrone nei confronti di Gesù. A sinistra l'Adorazione vera e propria, con i Re che recano i doni al Bambino.

Ma il dettaglio più simpatico della scena è il cagnetto ai piedi della capanna, nanerottolo tremendo, a pelo bianco e rosso, che alza la gamba e compie il dovere che tutti i cagnetti hanno sempre compiuto dinanzi a tutti i pali del mondo... Emersa solo grazie all'ultimo restauro, questa graziosa bestiola, a un certo punto della vita del dipinto milanese, venne coperta, in quanto ritenuta scandalosa e irriverente. A tal proposito, il cardinal Borromeo aveva definito l'ispiratore della rimozione «austero e fanatico», annotando inoltre che: «Quando Tiziano seppe che alla corte di Ippolito d'Este era stato coperto il gesto oltraggioso, con le lacrime agli occhi, disse "non faceva meraviglia che gente ignorante di ogni arte avesse potuto commettere un simile sfregio"».

Dai sovrani spagnoli

A metà degli anni Trenta del Cinquecento Tiziano, grazie all'intermediazione di Pietro Aretino, entra in contatto anche con Carlo V d'Asburgo, e la loro relazione pittore-mecenate diventerà un importante affare di Stato. L'imperatore necessita di una vera e propria «promozione visiva»: le immagini che raffigurano lui e la sua famiglia devono comunicare tradizione e innovazione, ed essere di facile decodificazione per i vari popoli di diversa lingua e cultura che all'epoca vivono nel Sacro romano impero.

Nascono con questo intento vari ritratti dei sovrani: Carlo V con il cane (1533), Carlo V a cavallo (1548), Carlo V seduto (1548), Isabella del Portogallo (1548). Il fatto curioso è che Tiziano non si trasferirà mai alla corte d'Asburgo, preferendo rimanere a Venezia e inviare di volta in volta i dipinti al suo committente. Il monarca di casa Asburgo resta a tal punto affascinato dalla sua figura da nominarlo Cavaliere dello Sperone d'Oro e Conte Palatino, onore mai concesso a un pittore prima.

Negli ultimi venticinque anni della sua vita Tiziano trova un altro cliente d'eccezione: il figlio dell'imperatore Carlo V, Filippo II, l'uomo che domina il regno più vasto del mondo, dalle Indie fino all'America Latina. Filippo, bello come tutti gli Asburgo, è geniale nel raccogliere opere d'arte ma particolarmente frugale nel pagarle. Saranno infatti moltissime le lettere che il pittore invierà al monarca e ai suoi sottoposti nella speranza di ricevere il compenso pattuito.

Al di là delle questioni economiche, questo periodo è particolarmente fecondo nella produzione di Tiziano, che si fa appassionata, creativa e ancora più carica di sensualità. In particolare, il Cadorino riprende le *Metamorfosi* di Ovidio come motivo portante per raccontare in pittura alcuni episodi mitologici. Nasce così la serie di sette dipinti – chiamati «poesie» dallo stesso artista – pensati per omaggiare il suo nuovo committente: *Danae* (forse del 1553, poiché è incerto quale, tra le cinque versioni di questo soggetto, sia stata inviata a Filippo II), *Venere e Adone* (1553-1554), *Perseo e Andromeda* (1554-1556), *Diana e Atteone* (1556-1559), *Diana e Callisto* (1556-1559), *Ratto di Europa* (1560-1562), *Morte di Atteone* (1559-1575).

Il «quasi agente» di Tiziano

Pietro Aretino, poeta, scrittore e drammaturgo rinascimentale, è conosciuto anche per essere stato una figura fondamentale per il Cadorino, dal momento che, grazie anche ai suoi costanti rapporti con le più importanti corti d'Europa, promuove più di una volta il pittore e le sue opere in giro per il continente. Alcuni sostengono che egli fosse legato alla sorella zitella di Tiziano, che aveva accudito i suoi figli quando era rimasto vedovo. All'Aretino il pittore chiede addirittura di posare come modello per il suo Pilato nell'*Ecce Homo*, dipinto potentissimo degli anni della maturità, cioè del 1543, da lui firmato con la fierezza del titolo di Cavaliere dello Sperone d'Oro ottenuto dall'imperatore. Dipinto formidabile, realizzato per un mercante olandese, nel quale, ancora una volta troviamo un dettaglio ormai conosciutissimo: l'immancabile cagnetto rosso, quasi una firma d'autore.

Il pittore dedica molta attenzione a ritrarre la divina e olimpica erotomania di Giove e i vari modi che egli inventa per circuire e procreare nell'infinito mondo femminile antico. È il caso, per esempio, delle cinque versioni di *Danae* che prendono spunto da un primo esemplare eseguito nel 1545, oggi custodito presso il Museo di Capodimonte a Napoli.

In un'atmosfera rarefatta e calda, dai contorni poco definiti, la principessa di Argo è mollemente adagiata nuda tra lenzuola bianche e tessuti rossi cangianti, mentre Giove, sotto forma di pioggia d'oro, la feconda, nonostante i vani tentativi della nutrice di fermare il dio impenitente. Visivamente Tiziano raffigura il re dell'Olimpo come una cascata di monete che la custode di Danae cerca di intrappolare in uno straccio teso, nella versione del Prado di Madrid (1553 circa), e in una bacinella, nella variante conservata presso il Kunsthistorisches Museum di Vienna (1554).

Nel *Ratto di Europa*, invece, Giove, questa volta trasmutato in un toro bianco, rapisce Europa, dipinta in subbuglio – poiché è stata presa all'improvviso e condotta in volo – mentre tenta di aggrapparsi alle corna dell'animale per non cadere in mare. La scompostezza delle vesti e la posizione della giovane conferiscono al dipinto una forte dinamicità e accentuano l'attrattiva sensuale.

La «poesia» di *Venere e Adone*

Tiziano accompagna l'invio di questo dipinto con una lettera, datata 10 settembre 1554, in cui si legge: «Al Re d'Inghilterra, Sacra Maestà. Viene ora a rallegrarsi con vostra Maestà del nuovo regno concessole da Dio il mio animo, accompagnato dalla presente pittura di *Venere e Adone*, la qual pittura spero sarà veduta da lei con quei lieti occhi che soleva già volgere alle cose del suo servo Titiano. E perché la *Danae* che io mandai già a Vostra Maestà [in occasione del suo matrimonio con Maria I Tudor nel luglio del 1554, *N.d.R.*] si vedeva tutta dalla parte dinanzi, ho voluto in quest'altra poesia variare, e farle mostrare la contraria parte, accioché riesca il camerino dove hanno da stare, più gratioso alla vista». Nella scena ritratta dal pittore, Venere cerca di trattenere il bellissimo amato Adone affinché non parta per la battuta di caccia nella quale morirà, mentre Cupido dorme sotto gli alberi, ignaro della tragedia che si sta per compiere (annunciata da una tempesta incombente sullo sfondo). Tiziano inserisce inoltre uno dei suoi soggetti preferiti: due cani dipinti con estrema cura del dettaglio.

Ultimo atto

Negli ultimi vent'anni della sua vita, il Cadorino decide di tornare parzialmente nella sua patria d'origine e qui organizza la più potente delle «fabbriche» di produzione pittorica che allora esiste nell'Alta Italia.

Tiziano recupera il suo passato percorso artistico per realizzare nuove Veneri, che ricordano figure giunoniche. Questi dipinti risultano molto più evoluti nella pittura e nella forma morbida del corpo della protagonista, con l'aggiunta di personaggi nuovi, come il musicista nel caso della *Venere e il suonatore di liuto* (1560 circa).

Dalla riproposizione di un soggetto mitologico passa poi all'esaltazione del proprio amore per l'antichità e le lettere – una passione alla quale non era stato iniziato da studi sofisticati, ma dall'amicizia con l'Aretino: è il caso del magistrale ritratto dell'antiquario Jacopo Strada, realizzato nel 1566. Il mercante d'arte è raffigurato con un abito sontuoso, comprensivo di lussuosa pelliccia sulle spalle, e un'appariscente collana d'oro. In mano tiene una statuetta di Venere, mentre sul tavolo ci sono alcune monete e una lettera. Il dipinto è di una qualità eccezionale, soprattutto per la ricchezza dei particolari e la cura all'introspezione psicologica del personaggio.

Ormai è diventato anche una sorta di esperto della terza età, a tal punto che la sua *Ultima Cena* (dipinto della collezione madrilena dei duchi di Alba di cui si sa pochissimo) sembra svolgersi tra uomini molto anziani: le barbe grigie, infatti, abbondano tra gli apostoli convocati al banchetto, e persino il cagnetto ai piedi della tavola è un po' invecchiato. I dettagli precisi sul tavolo e nei volti dei personaggi sono perfettamente conformi a quel senso di realtà che chiede la Controriforma. Sul tema del vecchio, in realtà il Cadorino si è già cimentato in passato, come quando ritrae *Paolo III Farnese* nel 1543: il pontefice è molto anziano, ma lui è ancora nel pieno delle sue forze.

Tiziano, l'artista che ha vissuto tutte e tre le età dell'uomo, le ha vissute con così profondo convincimento da averle ritratte nel dipinto *Allegoria della Prudenza* (1565-1570 circa). La giovinezza allegra, a destra, simboleggiata dal volto di un ragazzo e da un cane, la maturità che dà forza e si concretizza, al centro, nelle figure dell'uomo e del leone, e infine la vecchiaia che dona saggezza, a sinistra, rappresentata dall'anziano e dal lupo.

Negli anni Sessanta del Cinquecento Tiziano è ormai anziano e cosciente di se stesso, della sua età e del suo ruolo di rilievo: si dipinge proprio così, nell'*Autoritratto* (1562 circa) conservato oggi presso la Gemäldegalerie di Berlino. Qui, infatti, egli guarda al proprio destino da anziano con sicurezza assoluta e talmente accertata da cambiare addirittura il suo modo di dipingere. Rappresenta la collana segno del Cavalierato con minimi colpi di pennello sopra una camicia realizzata con piccoli e rapidi cenni di biacca e rifinita con strofinamenti che disfano la pittura, come accade anche nella composizione delle mani. Il disfacimento della materia non è il disfacimento della vita, bensì una nuova tecnica, che Tiziano applica per caricare della medesima sensualità dei quadri mitologici anche il grande soggetto religioso, come nel caso di *San Sebastiano* (1570 circa). Il martire che sopravvive alle frecce di Diocleziano si staglia, composto e robusto anche se sofferente, su una linea d'orizzonte che sembra quella di una città in fiamme. Questo sfondo terribile e burrascoso amplifica l'intensità drammatica del momento, grazie a gesti di pennello di una ferocia inattesa che si possono ritrovare nel XX secolo, quando la pittura accetterà tutta la gestualità dell'Espressionismo.

Una pittura analoga anche nei quadri che fa ancora per Venezia, come l'*Annunciazione* (1559-1564), un grande telero per la Chiesa di San Salvador, nel quale la velocità della pittura impressiona: la velatura (cioè la tecnica di dipingere un colore trasparente sulla base di un altro colore già disposto in modo da generare il senso di profondità dei volumi) di un secolo prima è stata integralmente dimenticata, tutto è come un'ebollizione di materia.

Il suo modo di dipingere, più materiale che intellettuale, probabilmente il vero segreto della sua creatività, lo accompagna fino al momento della morte. Dopo aver visto portar via dai monatti il figlio prediletto, Orazio, al quale l'artista dedica l'ultimo quadro, la *Pietà* (1576) – un'intercessione della Madonna dinanzi a un Cristo morto con i segni del morbo bubbonico –, Tiziano Vecellio muore, anche lui di peste, a Venezia. È il 27 agosto 1576.

Sotto al dipinto... un altro!

Ritratto di una donna e sua figlia (1550 circa) è un dipinto misterioso, la cui appassionante vicenda è stata svelata solo al termine di un restauro novecentesco durato vent'anni. Per più di quattro secoli le due protagoniste sono rimaste nascoste sotto le raffigurazioni di Tobiolo e l'angelo Raffaele. Il dipinto originale di Tiziano, infatti, rimane incompiuto alla sua morte nel 1576 e viene ereditato dal figlio Pomponio con il resto dell'atelier. Si presume che in questa fase le due figure femminili siano state coperte da un allievo della sua bottega. La tela viene acquistata dal nobile veneziano Cristoforo Barbarigo nel 1581, nel 1850 lo zar di Russia Nicola I la acquisisce insieme al resto della raccolta Barbarigo, andando ad arricchire le collezioni imperiali. Poi il dipinto viene venduto al conte Tyszkiewicz a San Pietroburgo, infine ricompare sul mercato nel 1913. Nel 1948 si scopre la composizione sottostante, rimasta occultata per quattrocento anni. Il lungo restauro ha portato alla luce l'originale pittura di Tiziano, e il risultato è affascinante: privata delle ali e della pesante ridipintura, affiora l'affettuosa effigie di una madre con la propria figlia. Secondo alcuni critici potrebbero trattarsi di parenti del pittore, altri invece attribuiscono la figura della donna più grande a Lucrezia Gonzaga. La studiosa Jaynie Anderson ha avanzato persino la seducente ipotesi che il doppio ritratto sveli l'identità dell'amante di Tiziano, Milia, e della loro figlia illegittima, Emilia.

Tiziano e gli altri

> Tiziano, adunque, avendo d'ottime pitture adornato Venezia, anzi tutta Italia ed altre parti del mondo, merita essere amato ed osservato dagli artefici, ed in molte cose ammirato ed imitato, come quegli che ha fatto e fa tuttavia opere degne d'infinita lode; e dureranno quanto può la memoria degli uomini illustri.

Così Giorgio Vasari in *Le vite dei più eccellenti pittori, scultori e architettori* del 1568. Un'intuizione esatta, dal momento che Tiziano ha influenzato tantissimi artisti.

Pieter Paul Rubens, per esempio. La lezione che il Cadorino ha lasciato sulla carnosità e sul nudo viene studiata e ampliata dal pittore fiammingo, il quale esalta i corpi rotondi e morbidi, come si può vedere nella *Venere al bagno* (1614-1615 circa), che ricorda la *Venere allo specchio di Tiziano* del 1555 circa. Rubens sposa in seconde nozze Hélène Fourment, la quale sarà sua musa per alcuni suoi dipinti «tizianeschi», come *Hélène Fourment esce dal bagno*, del 1638 circa. Egli ricopia il Cadorino anche in un ritratto di donna in abito bianco (*Ritratto di dama in bianco*). Nella versione di Tiziano (del 1561 circa) la signorina ritratta ha il volto furbetto, un abito bianco senza fronzoli e una collana di perle di ricca qualità, mentre in quella di Rubens (1614) la veste si arricchisce, con decori arancioni, ma cala la qualità del gioiello. La giovane *lady* ricorda le donne olandesi e il suo volto cela una certa ambiguità, come lascia intendere la foglia d'alloro che appare fra i seni.

Anche Gian Lorenzo Bernini prende spunto dai soggetti teatral-mitologici, erotici, carnosi pittorici di Tiziano per replicarli in scultura: la stessa torsione dipinta dal Vecellio in *Tarquinio e Lucrezia* (1576) la si ritrova nella sua famosissima statua dedicata ad *Apollo e Dafne* (1622-1625).

E ancora, Diego Velázquez propone un nudo ben diverso, più vicino alla nostra visione contemporanea: *Venere e Cupido* (o *Venere Rokeby*, 1647-1651). Ancora una volta lo specchio, elemento molto amato dagli artisti del Rinascimento italiano, Tiziano compreso, diventa coprotagonista dello spazio pittorico. Sia il Cadorino sia Rubens avevano già realizzato dipinti raffiguranti Venere che guarda il proprio riflesso, ed entrambi avevano avuto rapporti con la corte spagnola; perciò Velázquez ha sicuramente avuto modo di osservare le loro tele. Un'innovazione rispetto ai modelli però c'è: la *Venere Rokeby* non rivolge lo sguardo all'osservatore.

E poi Antonio Canova: in un suo dipinto chiamato *Venere con Fauno* (1792 circa) e nella sua scultura di Paolina Borghese (1805-1808) si ritrovano gli stessi cuscini e la stessa signora nuda che ha imparato a posare da Tiziano.

Abbiamo già menzionato la possibilità che Manet si sia ispirato a Tiziano per la *Colazione sull'erba*, ma va anche ricordato un altro dipinto, nel quale si ritrovano, con le debite differenze, le Veneri dipinte dal Cadorino: *Olympia* (1863). Quest'opera viene destrutturata dal pittore francese per adattarla alla propria contemporaneità: la donna ritratta non è più una pudica divinità, bensì una spudorata prostituta dallo sguardo fisso verso l'osservatore e privo di alcuna emozione, le due ancelle di Tiziano sono sostituite da una serva africana che porge a Olympia un mazzo di fiori, probabilmente regalo di qualche spasimante, mentre il dolce cagnetto diventa qui un gatto nero ritto sulle zampe, inquietante e imprevedibile.

Infine, Francis Bacon, l'ultimo degli emuli di Tiziano, l'irlandese per il quale il *Ritratto del Cardinale Filippo Archinto*, nascosto dietro un velo, dipinto dal Vecellio nel 1558 circa, e i ritratti di papa Paolo III diventano fonte di ispirazione costante (così com'era successo per Velázquez) per *Head VI* (1949) e per lo *Studio dal ritratto di Innocenzo X* (1953). In queste sue versioni il pontefice, vestito di bianco e viola, ha il volto distorto e deformato, la bocca spalancata in un urlo e si tiene saldamente ai braccioli del trono. Lo sfondo è scuro, per far risaltare la figura del pontefice e al contempo amplificare l'inquietudine generale.

9.
Parmigianino: la raffinatezza del Manierismo

Una pittura d'avanguardia

Quando i Lanzichenecchi entrano a Roma nel 1527, decretando, secondo alcuni, la fine del Rinascimento, Parmigianino è intento a dipingere la Visione di san Girolamo, in cui riprende le anatomie di Michelangelo e le proporzioni di Raffaello ma le enfatizza e le esaspera trasformandole in qualcosa di diverso. I violenti mercenari, incantati da tanta bellezza, risparmiano l'opera e il pittore, mentre la stagione aurea lascia il posto a un'estetica nuova. L'artista, nato e cresciuto a Parma alla scuola del Correggio, ripara prima a Bologna, poi di nuovo nella sua città natale, e infine a Casalmaggiore, dove muore anzitempo, forse avvelenato dai metalli dell'amata alchimia.

Nella sua pittura geniale, ricca di invenzioni d'avanguardia, i canoni classici e rinascimentali vengono stravolti a favore di quelli che saranno tratti distintivi del Manierismo: i corpi si allungano, mutano forma, mentre le composizioni si fanno inquiete e costruiscono uno spazio sospeso, simbolico, irreale.

Dal suo pennello nasce una pittura curiosa, antinaturalista, insieme visionaria e rarefatta: le redini diventano sottili come fili d'oro, i colli si estendono e si torcono come quelli dei cigni, nel grembo della Madonna i bambini Gesù crescono di colpo fino a diventare ragazzini, i braccialetti di corallo sono così nitidi da sembrare di plastica e le rose appaiono quasi artificiali nella loro perfezione.

Quella di Parmigianino è una visione incredibilmente moderna, che anticipa Goya e Manet, il gusto ottocentesco e il dinamismo cinematografico, e si incarna nella tensione, vivida e feconda, tra realtà e allucinazione onirica.

L'inizio, tra sogno e realtà

Francesco Mazzola nasce nel 1503 a Parma, città che lo influenza molto, a partire dal nome d'arte con il quale verrà conosciuto fino ai nostri giorni: Parmigianino. Il padre e gli zii, tutti artisti, lo indirizzano sin da bambino alla pittura e al disegno, riconoscendo subito in lui un talento precoce. La sua formazione è sostanzialmente locale. Proprio nella città natale il giovane ambizioso ha la possibilità di incontrare e ammirare un artista, di quattordici anni più grande, destinato a diventare per lui un grande maestro: Correggio, che in quegli anni sta rivoluzionando l'arte in area padana.

Da lui Parmigianino imparerà a realizzare composizioni cariche di movimento e tensione, grazie all'utilizzo di diverse tecniche di stesura del colore e alla scelta di disporre i personaggi in posizioni contorte e verticali, ritraendoli spesso con una prospettiva dal basso verso l'alto che enfatizza la sensazione di dinamismo, come se l'intera opera fosse sconquassata da colpi di vento forte.

Negli anni Venti del Cinquecento Correggio sta affrescando gli interni dell'Abbazia di San Giovanni Evangelista, fra cui la cupola, suo capolavoro assoluto. Qui Parmigianino ha la possibilità non solo di vedere un genio all'opera, ma anche di decorare a sua volta, nel 1523, alcune delle cappelle della chiesa, dando prova delle sue capacità e iniziando a sviluppare un lessico pittorico che appare già profondamente rivoluzionario. Negli affreschi raffiguranti le *Sante Lucia e Apollonia*, *San Vitale e il cavallo*, i *Santi Stefano e Lorenzo* e *Sant'Agata e il carnefice* si osservano alcuni dei tratti del suo stile più maturo, come le figure allungate, un forte impianto monumentale e il dinamismo della composizione.

Sempre nel 1523 Galeazzo Sanvitale, condottiero e collezionista che abita nella bellissima Rocca Sanvitale di Fontanellato, gli affida il primo lavoro significativo: la *Stufetta di Diana e Atteone.* Nonostante l'ambiente da affrescare – uno spazio privato la cui funzione è a tutt'oggi un mistero (alcuni studiosi parlano di un bagno, altri di uno studiolo) – sia una sorta di stanzino buio, perché ha solo una porta d'accesso e nessuna finestra (quella attuale è stata aggiunta solo successivamente), Parmigianino realizza qui uno degli esiti più affascinanti della sua produzione, rendendolo un luogo luminoso, raffinatissimo, onirico e di un'intensità strepitosa.

La piccola stanza ha una volta a lunetta con tre capitelli pensili per lato che creano quattro lunette, unite agli angoli a due a due da una doppia vela, quest'ultima decorata con finti oculi. L'affresco di Parmigianino è realizzato solo sul soffitto e nella parte superiore delle pareti ed è composto da un finto pergolato coperto da vegetazione culminante in una siepe di dolci rose sbocciate; al centro, inquadrato da una cornice in legno dorato, campeggia un curiosissimo specchio con il motto latino «*Respice finem*» («Guarda la fine») dal significato oscuro, su cui gli studiosi si interrogano ancora. Tutt'intorno si apre un cielo dipinto che è una citazione perfetta dell'oculo della Camera degli Sposi realizzata da Andrea Mantegna a Mantova.

Nelle lunette il pittore celebra il mito di Diana e Atteone, secondo cui la divinità punì il cacciatore, stando alle *Metamorfosi* di Ovidio, per averla sorpresa nuda mentre si lavava presso una fonte, trasformandolo in cervo e facendolo sbranare dai suoi stessi cani. Nella *Stufetta* si riconoscono tratti che anticipano i tempi del Manierismo: Diana al bagno è sì mitologica, ma ha già la tipica acconciatura delle donne dipinte nel Seicento, oltre a un collo lungo e un po' distorto, che ricorda quello del cigno, e tiene la mano con un gesto affettato e manierato. Le figure, compresi i tantissimi raffinati putti, sono allungate e le diverse posizioni dei loro corpi creano un grande dinamismo: sono tutti elementi che suggeriscono capacità artistiche innovative. Ovunque c'è un'atmosfera che si distacca dalla realtà per calarsi nel sogno, tutto è metafisico. I dettagli del reale, come i cani o le carni dei puttini, frutto di un'attenzione puntuale alla concretezza, sono giustapposti armonicamente alla dimensione onirica. I putti appartengono alla sfera fantastica, ma al contempo sembrano bimbi dispettosi che giocano o garzoni scapigliati di un fruttivendolo (alcuni di loro portano sulla testa o tra le mani frutti vari). E, ancora, se il levriero che tiene Diana al guinzaglio ha l'eleganza dei cani di Sigismondo Malatesta dipinti da Piero della Francesca, o di quelli dei Gonzaga della Camera degli Sposi, i cani da caccia di Atteone sono rappresentati in un'azione immaginaria, mentre circondano il proprio padrone, ormai trasformato in cervo, quasi abbracciandolo, ma allo stesso tempo sono potentemente realistici e ricordano i cani da guardia e quelli domestici della vita di tutti i giorni.

Per la *Stufetta* Parmigianino si ispira e si confronta anche con il primo grande capolavoro di Correggio, ovvero la Camera di San Paolo (o Camera della Badessa), ambiente affrescato con la medesima tematica mitologica presso l'ex monastero di San Paolo a Parma, ma lo supera, in qualche modo, costruendo uno spazio che si va ad aprire verso il cielo.

Del suo committente di Fontanellato il pittore realizza anche un ritratto (*Ritratto di Galeazzo Sanvitale*, 1524), oggi custodito al Museo di Capodimonte di Napoli, in quanto facente parte della collezione Farnese che i Borbone portarono nella città partenopea. L'uomo è dipinto seduto su una savonarola, sedia tipica del tempo, con uno sguardo intenso rivolto all'osservatore. In lui convivono diverse nature, testimoniate dagli oggetti che lo circondano: l'armatura lucente e la mazza ferrata, emblemi del ruolo di comando e dell'attitudine guerriera; la medaglia tra le mani, simbolo dell'erudizione, della ricerca e del collezionismo; e poi la bellissima barba, esempio di ritrattismo attento e puntuale. Sanvitale indossa abiti alla francese: un'ampia casacca nera, da cui escono due maniche di stoffa rossa decorate da una serie di tagli che rivelano la vaporosa camicia bianca, con ricami sul polsino. Il cappello, dello stesso colore scarlatto, è decorato da perline dorate, una piuma e un cammeo.

Ricchi talismani

Il *Ritratto di Camilla Gonzaga coi figli* è un'opera che fa da pendant con il *Ritratto di Pier Maria Rossi di San Secondo*, marito della donna. L'attribuzione di questo dipinto a Parmigianino è molto controversa, qualche studioso sostiene che fu un suo allievo a occuparsene, basandosi su un precedente abbozzo del maestro. La nobildonna indossa una lussuosa veste in velluto rosso decorata con uno scollo di mussola a rete e dei ricchi gioielli. Colpisce la stola di zibellino legata all'abito grazie a una catena d'oro finemente impreziosita. In passato l'animale era associato alla fertilità, e le pellicce con la testa sostituita da una in oro o argento erano spesso donate come regali di nozze. Inoltre si pensava che lo zibellino avesse un valore apotropaico, motivo per cui, forse, in questo dipinto i bimbi più piccoli si aggrappano all'ornamento, come affidandosi a un talismano contro le insidie dell'infanzia. Dal punto di vista stilistico, gli studiosi sono orientati a considerare di Parmigianino la contessa e i due figli sulla sinistra, mentre il bambino più grande, collocato a destra del dipinto, ha un incarnato diverso ed è stato realizzato con pennellate dense e pesanti.

Distorsioni virtuose

Nel 1524 Parmigianino parte per Roma, forse incoraggiato dalla moglie di Galeazzo Sanvitale Paola Colonna, cognata di Vittoria Colonna, regina dei salotti romani. Il clima culturale è particolarmente favorevole: Clemente VII, esponente della famiglia de' Medici, è un papa dal gusto raffinato e colto, attento alle diverse tendenze nel mondo dell'arte. Inoltre, con la morte di Raffaello avvenuta nel 1520 e la partenza di Michelangelo per Firenze, molti artisti riescono a trovare il proprio spazio per promuovere uno stile nuovo, lontano dai due immensi modelli. Parmigianino, pur non riuscendo a ottenere commissioni dirette dal pontefice, realizza molte opere per la sua corte, *in primis* per Lorenzo Cybo – comandante delle guardie papali e fratello del cardinale Innocenzo –, che ritrae proprio in quell'anno.

L'opera ricorda molto il *Ritratto di Galeazzo Sanvitale*: il militare indossa abiti eleganti in seta e velluto, lo stesso berretto rosso, e il suo sguardo profondo guarda l'osservatore. Accanto a lui Parmigianino colloca un piccolo paggio intento a reggere la spada, mentre davanti a Lorenzo si notano dettagli curiosi, come due medaglie in bronzo e un dado da gioco.

Una delle opere più rivoluzionarie del periodo romano e dall'audace sperimentazione compositiva di Parmigianino è sicuramente l'*Autoritratto in uno specchio convesso* (1524 circa), che il pittore regala al pontefice nonostante sia un dipinto estremamente particolare e dal soggetto laico. Lontanissima dalle caratteristiche tradizionali del ritratto, l'opera raffigura il pittore riflesso in uno specchio che altera le proporzioni deformando la figura, in particolar modo la mano prorompente in primo piano, che è anamorfica e allungata all'eccesso. Parmigianino mostra qui anche di conoscere le regole della prospettiva e allo stesso tempo di volerle infrangere: l'ambiente alle sue spalle, una stanza signorile ma spoglia, è prova del suo virtuosismo; tuttavia, è distorto e lontano dalla realtà. Infine, la particolarità: l'artista si ritrae come fosse nel pieno dei suoi freschi quindici anni, è una figura androgina, un fanciullo leggiadro di una bellezza classica, raffaellita, eppure estremamente innovativa.

Le cronache raccontano che Parmigianino sta dipingendo la *Visione di san Girolamo* (1526-1527) quando i Lanzichenecchi entrano a Roma nel 1527. Gli invasori, vedendolo all'opera nel suo laboratorio, colpiti dalla bellezza del quadro, decidono di non distruggerlo e di risparmiare la vita al pittore. L'opera, destinata a una cappella funeraria di un privato e mai ultimata, se non per il pannello centrale, si sviluppa su due livelli sovrapposti, quello terreno e quello divino. In primo piano c'è la figura di san Giovanni Battista, venuto in sogno a san Girolamo, che dorme in secondo piano vicino al crocifisso. Giovanni sta indicando la parte superiore, quella celeste, ovvero la Madonna e un Cristo bambino-putto che sembra quasi profano rispetto alla sua iconografia tradizionale. Egli è infatti rappresentato più adulto, mentre sfugge furbescamente dal grembo della Vergine, in un atteggiamento lezioso e dispettoso. La composizione ha un movimento vorticoso e verticale impresso dalla posa articolata di Giovanni che indica verso l'alto, gesto che viene ripreso dal Bambino e che culmina nel tripudio della rappresentazione della Vergine, figura carica di intensità e realizzata su modello rinascimentale. Parmigianino riprende infatti le anatomie di Michelangelo e le proporzioni di Raffaello, ma ancora una volta forza questi canoni, li enfatizza e li esaspera.

Una generazione nuova, testimone dei conflitti politici

Parmigianino appartiene a una generazione tutta nata a cavallo del XVI secolo e che comprende Primaticcio, Benvenuto Cellini, Rosso Fiorentino, Giulio Romano, Perin del Vaga e Bronzino. Rosso Fiorentino ha la stessa età di Francesco I di Francia, mentre Cellini quella di Carlo V re di Spagna e imperatore del Sacro romano impero. I loro anni saranno caratterizzati dalla lotta fra re, imperatore e papato rinascimentale, che «si risolve» con Francesco I fatto prigioniero durante la battaglia di Pavia e portato a Madrid mentre il papato rimane schiacciato dal conflitto. Il Rinascimento, che secondo molti finisce con la morte di Raffaello nel 1520, per altri termina nel 1527 con il Sacco di Roma. In questa occasione Rosso Fiorentino è fatto prigioniero dai Lanzichenecchi, mentre Cellini uccide con un colpo di archibugio, si dice, il connestabile di Borbone. La questione si risolve nel 1530, come in una *soap opera*: Francesco I torna in Francia e, rimasto vedovo, sposa la sorella di Carlo V, il quale a sua volta viene incoronato re d'Italia e confermato imperatore da papa Clemente VII. Cambia l'atmosfera in tutta Europa.

La manicra

Per la storia dell'arte il Sacco di Roma è un importante spartiacque, in quanto chiude la ricca stagione rinascimentale segnando l'avvio dell'espansione italiana ed europea del Manierismo. È quindi qui che si inserisce Parmigianino, che dopo essere scappato da una Città Eterna invasa dalle truppe di Lanzichenecchi si stabilisce per quattro anni a Bologna, altro grande vivace centro culturale molto attivo in quel periodo, per poi fare ritorno nella città natale nel 1531 circa.

In questi anni il pittore si dedica anche al ritrattismo, creando alcuni capolavori densi di carica introspettiva, come la *Schiava turca* (1532). La figura di questo dipinto è avvolta nel mistero: la denominazione attuale nasce nel Settecento, quando il copricapo viene identificato come un turbante da una cultura cosmopolita affascinata dall'Oriente. In realtà, la dama indossa un balzo, ornamento tipico del Cinquecento, molto di moda, che indossa anche, per esempio, Isabella d'Este nel ritratto che le fa Tiziano nel 1536. Il copricapo è composto da una serie di anelli concentrici uniti da fili dorati che incorniciano l'acconciatura. Il ritratto è incardinato su forme rotonde: la curvatura del balzo è infatti ripresa anche nelle sopracciglia, nelle spalle, nelle maniche dell'abito. Critici dell'arte e storici hanno tentato a lungo di identificare la donna: alcuni propongono il nome di Giulia Gonzaga, altri della poetessa Veronica Gambara, mentre altri ancora pensano possa appartenere alla famiglia Cavalli di Casalmaggiore, per via del cammeo posto al centro del balzo, dove è ritratto Pegaso, il celebre cavallo della mitologia.

La trasversalità storica di Parmigianino può quasi spaventare, perché il suo tratto e le sue composizioni ritrattistiche anticipano Francisco Goya ed Édouard Manet, come si vede in *Antea* (1524-1527 o 1535-1537). La giovane donna ha una corporatura esile rispetto all'ampiezza dei lussuosi abiti modaioli che indossa e il suo sguardo, fisso all'osservatore, è penetrante e carico di intensità. Alcuni dettagli verranno ripresi da Parmigianino in altre sue opere, come il volto, che somiglia a uno degli angeli dipinti nella *Madonna dal collo lungo* (1534-1540), e la posa, che è la stessa della *Schiava turca*. Nonostante a prima vista il ritratto sembri naturale, il dipinto presenta alcuni dettagli inusuali e proporzioni sfalsate: il braccio e la spalla destra (a sinistra per l'osservatore) sono deformati ed eccessivamente grandi rispetto all'altra metà del corpo, e la pelle di martora che indossa la giovane è talmente pesante – troppo rispetto a quanto non sia nella realtà – da farle cadere la manica a sbuffo da un lato.

Atmosfere sospese

Nella *Madonna di santa Margherita* (1529-1530) è costante la tensione tra resa realistica e allucinazione delle forme. Nonostante Parmigianino torni a guardare a Correggio, nella realizzazione di una pala d'altare, e soprattutto nella similitudine tra la figura della santa e quella che il suo primo grande maestro aveva dipinto nella *Madonna di san Girolamo* – in particolare nella posizione del corpo e nell'attitudine amorevole che ha la donna nei confronti del Bambin Gesù –, il desiderio di battere una nuova strada è forte. Il pittore realizza quindi una composizione rarefatta, irreale, squilibrante, cupa, ma sempre attenta dal punto di vista psicologico-intellettuale. Oltre alla curiosa presenza, in basso a destra, di un drago mostruoso che proviene dalle influenze nordiche, il dipinto è particolarmente importante per le diverse maniere di stesura del colore utilizzate da Parmigianino: si passa da filamenti precisi e minuziosi per ritrarre le figure (da sinistra: san Petronio patrono di Bologna, la Vergine con in braccio il Bambino – stavolta non più così grandicello –, santa Margherita, san Michele e san Girolamo) ai tratti rapidi per dipingere lo sfondo naturalistico.

Una splendida opera utile a comprendere la concezione dell'arte negli anni fra il 1530 e il 1540 e il *modus operandi* di Parmigianino è la famosissima *Madonna dal collo lungo*, oggi custodita alle Gallerie degli Uffizi. Racchiusa in questo dipinto c'è tutta la *maniera*: i canoni dell'estetica classica e rinascimentale vengono stravolti, a favore di quelli che da quel momento in avanti saranno tratti distintivi del Manierismo: i corpi si allungano e mutano la loro forma sconvolgendo le proporzioni. Nell'opera, il collo della Vergine è più lungo del normale, così come le sue mani, il corpo e la gamba del primo angelo a sinistra. Anche il Bambino è quasi irreale: diversamente dalla tradizionale iconografia è qui rappresentato in un'età più «avanzata» (a circa sei-sette anni). Eppure, questa «deformazione» ha un carattere intellettuale e sofisticato, come si può vedere nel tentativo del pittore di far assomigliare i volti degli angeli alla forma del vaso che uno di loro porta: una – riuscitissima – forzatura simbolica estrema, dove, partendo da una realtà idealizzata, si vira verso l'irrealismo.

E così, allontanandosi dai canoni rinascimentali, nasce questa curiosa pittura che è contemporaneamente visionaria, allucinata e mistica. Altri stupendi esempi sono la *Conversione di san Paolo* (1527) e la *Madonna di san Zaccaria* (1530-1533 circa). Nel primo quadro, l'esattore romano Saulo dopo essere caduto da cavallo viene colpito dalla luce divina, segno della sua conversione al cristianesimo. Parmigianino realizza un gioco dinamico molto forte, enfatizzato dalla torsione dell'uomo, dal panneggio morbido e fluido dei suoi abiti e dalla figura del cavallo bianco imbizzarrito. Ancora una volta si assiste a un allungamento delle proporzioni e a una modifica delle dimensioni delle gambe di Saulo, i cui polpacci e cosce risultano più grossi del normale. Una visione di astrazione deformata, enfatizzata dalla figura antinaturalistica dell'animale, che ha il collo gonfio all'inverosimile e la testa piccola e sottile. Curiosi due dettagli assolutamente irrealistici: la lussuosa sella di pelliccia di ermellino e redini sottili come fili d'oro.

Nella *Madonna di san Zaccaria* (realizzata nel periodo parmense) il pittore rende la composizione inquieta, creando uno spazio sospeso, verosimile ma irreale, in cui i personaggi – la Vergine, il Bambino (sempre più grande del solito), il piccolo Giovanni Battista, Maria Maddalena che porge un'ampolla e Zaccaria in primo piano che sembra guardare oltre la scena e appoggiare il braccio alla cornice del dipinto – paiono visioni.

La *Madonna della rosa* (1530 circa) racchiude tutta l'avanguardia pura di Parmigianino e le sue «invenzioni»: ci sono le cosce lunghe – alle quali si sottomette anche Correggio (in *Danae* del 1531-1532 circa) – di uno sdolcinato e tenero Bambino, c'è il collo lungo, ormai diventato una moda, della Madonna, ci sono le diverse tecniche di resa pittorica, tra cui quella perfetta delle pieghe degli abiti della Vergine e del tendaggio rosso alle sue spalle, che ricordano dei ceselli di incisione su pietra gotica, ci sono alcuni dettagli estremamente realistici e al contempo irrealistici, come il piccolo braccialetto di corallo al braccio di Gesù, che sembra quasi di plastica, e la dolce rosa nella sua mano, anch'essa finta, artificialissima nella sua precisione.

Inadempienze, alchimia e una morte prematura

Tornato nella città natale, Parmigianino ottiene l'incarico di affrescare la Chiesa di Santa Maria della Steccata. La commissione è però fonte di litigi e dispiaceri per il pittore, che fatica a rispettare le consegne in quanto in quel periodo si avvicina all'alchimia, e alla fine viene accusato di inadempienza e incarcerato per quasi due mesi, tra il 1539 e il 1540. Alla fine realizza solamente la volta davanti all'abside principale e sceglie di rappresentare la parabola evangelica delle dieci vergini (ma, licenza artistica, ne raffigura solo sei).

Lo spazio è diviso in quattordici cassettoni decorati con rosoni lignei ricoperti di materiale dorato, tutto attorno un tripudio di ornamenti dove si mescolano verdure da minestrone e ridenti caproni-arieti dall'occhio lucido, citazioni dello studio alchemico, cornici fastose costellate di conchiglie e grottesche con animali vari, come rane e aragoste, stemmi, elementi fitomorfi. Infine, in piedi alla base dell'arcone, si trovano tre giovani donne per lato, per un totale di sei figure: quelle al centro hanno le braccia distese, mentre quelle ai lati un braccio in avanti e uno alzato con cui tengono, rispettivamente, due lampade accese e due spente, mentre in testa hanno tutte vasi pieni di gigli. Secondo la tradizione ebraica, le vergini savie e quelle stolte accompagnavano la sposa alla propria dimora reggendo lampade a olio. Il ritardo dello sposo fa sì che le vergini savie, che prudentemente avevano tenuto dell'olio di riserva, possano alimentare le proprie lampade e di conseguenza essere ammesse ai festeggiamenti matrimoniali, al contrario di quelle stolte. Le figure femminili del Parmigianino raggiungono qui il massimo dell'espressività: le savie sono crucciate dal loro senso di responsabilità, mentre quelle stolte sembrano felici, civettuole e ammiccanti. Sono sensuali, grazie al panneggio che si appoggia al corpo, ma è una sensualità intellettuale e algida.

Dopo la turbolenta vicenda della Steccata, Parmigianino si rifugia a Casalmaggiore, dove però vive solo pochi mesi, prima di ammalarsi e morire, nell'agosto 1540. In quel breve periodo dipinge una pala per la Chiesa di Santo Stefano, un paio di ritratti, un dipinto raffigurante un'algida, purissima, calma ed eroica *Lucrezia romana*, nel terribile atto del suicidio che compie a causa dell'onta e della vergogna per la violenza subìta, e, sembra, un *Autoritratto con berretto rosso*. In quest'ultimo si rappresenta invecchiato precocemente, dettaglio compatibile, sembrerebbe, con l'intossicazione da piombo o mercurio.

Egli, infatti, si è appassionato di alchimia intorno al 1531, ma il suo interesse diventa presto una vera e propria fissazione, a tal punto che si allontana dalla pittura alla ricerca della materia, destinando ingenti somme di denaro allo studio e dimenticandosi perfino della cura della propria persona.

A dare testimonianza di questo particolare interesse morboso, *un ghiribizzo di strane fantasie*, è anche Giorgio Vasari ne *Le vite de' più eccellenti pittori, scultori e architettori* (1550):

> Fu costui dotato dalla natura di sì graziato e leggiadro spirito, che s'egli di continuo non avesse voluto operare più di quello ch'e' sapeva, averebbe nel continuo far suo tanto avanzato se stesso, che sì come di bella maniera, d'arie di leggiadria e di grazia passò ognuno, così averebbe ancora di perfezzione, di fondamento e di bontà superato ciascuno. Ma il cervello che aveva a continovi ghiribizzi di strane fantasie lo tirava fuor de l'arte, potendo egli guadagnare quello oro ch'egli stesso arebbe voluto, con quello che la natura nel dipignere e 'l suo genio gli avevano insegnato. E volse con quello, che non poté mai imparare, perdere la spesa et il tempo e farsi danno alla propria vita. E questo fu ch'egli stillando cercava l'archimia dell'oro, e non si accorgeva lo stolto ch'aveva l'archimia del far le figure.

Alcuni storici, quindi, basandosi anche su una serie di teorie medico-scientifiche, hanno teorizzato la possibilità di un suo invecchiamento precoce dovuto a un inquinamento del sangue causato dalla sperimentazione con i metalli. Sarebbe stato questo, sembra, a ucciderlo prematuramente.

Il genio incapace di adattarsi al tempo e alla committenza, il cercatore di percorsi nuovi, il raffinato iniziatore di quella *maniera* che farà la storia dell'arte viene ucciso da quell'occulto che affascina e rapisce la mente e il corpo. La sua figura artistica, tuttavia, lascia un solco fondamentale nei successori: i suoi caratteristici tratti stilistici – come i colli torti e le cosce lunghe – vengono infatti ripresi, per esempio, da Bartolomeo Ammannati, interprete del Manierismo più intellettuale destinato alle élite delle raffinate corti principesche, che da Parmigianino sembra aver imparato la forma e l'idea dell'*eros*, come dimostra il suo gruppo scultoreo di Nettuno, realizzato per l'omonima fontana fiorentina. Pittore che ha saputo coniugare la ricerca di eleganza a una grande attenzione all'artificio e alla forma stilistica rispetto alla traduzione mimetica, Parmigianino è una delle personalità più dirompenti del Cinquecento, anticlassico per definizione, uno dei protagonisti della *maniera* prima ancora dei tempi «canonici» del Manierismo.

10.
Palladio e la rivoluzione architettonica

L'architetto dell'armonia

Lo scalpellino Andrea di Pietro della Gondola, nato a Padova e cresciuto a Vicenza, ha umili origini, grande talento e la fortuna di incontrare sulla sua strada chi lo capisce e lo aiuta e diventare quello che è. Gian Giorgio Trissino, letterato umanista, gli cambia nome e lo battezza Andrea Palladio. Per compiere la sua trasformazione, lo conduce a Roma, alla scoperta dell'antichità, e insieme lo introduce nel mondo dell'aristocrazia vicentina, colta e operosa. È l'inizio di un'avventura che influenzerà tutta l'architettura occidentale.

Palladio propone, progetta, impara a trattare con i clienti. Abbandona gli antichi sfarzi per coniugare – nei palazzi cittadini come nelle ville di campagna – perfezione antica e funzionalità moderna. E arriva anche a farlo nel pubblico, rivestendo il gotico Palazzo della Ragione di un involucro classico, che restituisce alla comunità uno spazio ideale e pragmatico insieme.

La sua è una architettura semplice e maestosa, in costante dialogo con l'ambiente. E continua a esserlo perfino quando, al suo culmine, sbarca trionfante sulle rive della Laguna di Venezia.

Materiali poveri e forme raffinate, lusso e parsimonia, piacere e produttività, etica ed estetica, cerchio e quadrato, città e campagna: da Villa Barbaro a Villa Foscari, da Villa Emo alla Rotonda, dalla Chiesa di San Francesco della Vigna a quella del Redentore, così come nelle pagine dei *Quattro libri dell'architettura*, l'architetto padovano esprime tutta la sua eleganza senza sforzo, in armonia, con la naturalezza e la modernità dei grandi classici.

La Serenissima va in campagna

Il 1508 è un anno fondamentale, per due motivi. Primo: le maggiori potenze europee – Sacro romano impero, Spagna e Francia – organizzano la Lega di Cambrai, una coalizione militare contro la Repubblica di Venezia, per mantenere l'egemonia su diversi territori della Penisola italiana. Questa alleanza è l'ultimo vano tentativo di reprimere la Serenissima, la quale, dopo la caduta di Costantinopoli (1453) e la scoperta dell'America (1492), e con lo spostamento dell'asse europeo fuori dal Mediterraneo a favore delle potenze atlantiche – Portogallo, Spagna, più tardi Olanda, Francia e Inghilterra –, perde l'egemonia sul mare e va a disturbare le vecchie potenze di terra. Da questi cambiamenti deriva anche una metamorfosi dal punto di vista artistico: nasce un'estetica «da terraferma», si dimenticano i ghirigori della Venezia gotica e si inizia a guardare con attenzione agli stimoli provenienti dalla Roma eterna (antica, soprattutto, ma anche moderna) e dall'estero.

Secondo: nel 1508 nasce a Padova colui che cambierà la storia dell'architettura, Andrea di Pietro della Gondola, in arte Andrea Palladio.

Di umili origini (il padre è mugnaio e la madre donna di casa) egli inizia presto a lavorare come semplice tagliapietre presso la bottega della famiglia Grandi, scultori e scalpellini padovani, e poi in quella del lapicida Bartolomeo Cavazza. Nel 1523 si trasferisce con la famiglia a Vicenza, dove lavora presso il cesellatore, orafo e medaglista Valerio Belli, produttore di oggetti di suprema qualità che noi oggi apprezziamo per l'esecuzione perfetta e che nel Cinquecento venivano comprati dai papi e da figure di spicco della nobiltà per decine di migliaia di ducati. Vicenza sta trovando il suo spazio e la sua voce dal punto di vista economico, commerciale e artistico: in quegli anni, è forse la città in maggiore espansione nell'area veneta.

Il primo dei mecenati che gioca un ruolo cruciale nella trasformazione di Andrea Palladio da tagliapietre-orafo in artista autocosciente, in ciò che noi chiamiamo oggi un architetto, è Gian Giorgio Trissino, umanista letterato. I due si incontrano tra il 1535 e il 1538, quando Palladio sta lavorando nel cantiere della sua villa. Trissino riconosce in lui un precoce talento e lo prende subito sotto la sua protezione, spingendolo verso l'invenzione del suo «brand»: gli consiglia cioè di cambiar «cognome» (della Gondola) e chiamarsi Palladio, termine aulico derivato dall'antica Grecia. La scelta di questo nuovo nome è significativa, in quanto caratterizzerà anche l'indirizzo artistico che prenderà il futuro architetto, il quale studia, grazie al suo protettore, la cultura classica e l'importanza del dialogo con l'antichità.

Nel 1541 Trissino lo porta con sé in viaggi di formazione a Roma, per fargli conoscere la classicità, i capolavori e le grandiose rovine romane. Ciò che colpisce Palladio dell'architettura degli antichi è il suo essere espressione di contenuti ideali e di sentimenti civili e, allo stesso tempo, il suo mostrarsi tecnicamente perfetta, oltre che funzionale a esigenze pratiche. Il classicismo palladiano si rifà al concetto che dell'antico aveva Andrea Mantegna: esso è storia, la storia deve essere una guida per una vita morale, di conseguenza l'antico deve avere un significato etico, oltre che estetico. Il classico è un ideale a cui si deve aspirare, e insieme è strumento fondamentale per affrontare i problemi reali della vita, anche dal punto di vista architettonico. Nel percorso di Palladio emergono bene questi due concetti, due lati della stessa medaglia: l'antichità come ideale di perfezione da cui prendere spunto e per rispondere alle esigenze pratiche di un luogo o di un edificio; teoria sì, ma anche pragmatismo e funzionalità. Gli spazi progettati dall'architetto vicentino uniscono quindi il principio intellettuale, entro il quale si riconoscono i valori di libertà, dignità morale, a quello concreto, dove la vita accade, esiste, si sviluppa, succede.

Nel Cinquecento la figura dell'umanista-protettore delle arti, come Trissino, diventa quella che plasma davvero pittori, scultori e architetti, permettendo loro di ampliare il proprio bagaglio di esperienze e di sviluppare un percorso artistico e culturale maturo e completo. Il nobile vicentino offre infatti a Palladio l'opportunità di imparare dal passato, e al contempo lo introduce presso le famiglie aristocratiche della zona, dove il giovane ottiene le prime commissioni, in prevalenza legate alle ville di campagna. Palladio impara così a diventare progettista per un cliente: esemplari sono i suoi disegni di architetture, nei quali egli abbozza tutte le proposte, le varie ipotesi e i dettagli utili ad aiutare la committenza a prendere le decisioni per procedere ai lavori. Nei diversi progetti da lui eseguiti si possono rintracciare tre moduli prediletti, che si ritrovano stabili in molti suoi lavori, come per esempio in una villa della famiglia Valmarana, in Villa Cornaro o in Villa Pisani: l'ingresso sotto il portico, il salone centrale e, ai due lati, le stanze distribuite secondo parametri estremamente precisi.

La nobiltà che assume Palladio è colta e operosa, attenta a sviluppare e migliorare la produzione agricola, interessata a organizzare al meglio le vaste tenute che acquista e nelle quali ama trascorrere una parte dell'anno. La vita sociale veneta si sviluppa sì in città, Vicenza e Venezia *in primis*, ma anche, e forse soprattutto, in campagna. Per queste due facce della medaglia, i palazzi cittadini da una parte e le ville dall'altra, Palladio si allontana dallo sfarzo delle architetture nobiliari di un tempo: i primi sono edifici privi di fasto, ma prestigiosi nelle forme scelte e il cui elemento essenziale è la facciata, con cui le grandi famiglie vogliono contribuire, quasi per dovere e rispetto, al nobile aspetto della propria città. Grandi o piccoli che siano, non hanno alcuna presunzione di superiorità, diversamente dagli altezzosi palazzi che si potevano vedere a Roma, come quello dei Farnese. Allo stesso modo, le ville di campagna non somigliano più a castelli fortificati o a luoghi di delizie e di spassi, come poteva essere

Palazzo Te a Mantova: sono ampie case, con annessi i rustici per la gestione della tenuta; la loro pianta è aperta, sciolta, si sviluppa sapientemente a seconda dello spazio disponibile, delle caratteristiche del terreno, delle opportunità climatiche. In questi edifici si coniuga alla perfezione l'ideale classico e la praticità, laddove, accanto agli spazi dedicati all'ospitalità, ai balli, alla vita sociale, ci sono anche quelli destinati alle stalle, ai lavoratori del possedimento.

Il 1508 è un anno fondamentale, per due motivi. Primo: le maggiori potenze europee – Sacro romano impero, Spagna e Francia – organizzano la Lega di Cambrai, una coalizione militare contro la Repubblica di Venezia, per mantenere l'egemonia su diversi territori della Penisola italiana. Questa alleanza è l'ultimo vano tentativo di reprimere la Serenissima, la quale, dopo la caduta di Costantinopoli (1453) e la scoperta dell'America (1492), e con lo spostamento dell'asse europeo fuori dal Mediterraneo a favore delle potenze atlantiche – Portogallo, Spagna, più tardi Olanda, Francia e Inghilterra –, perde l'egemonia sul mare e va a disturbare le vecchie potenze di terra. Da questi cambiamenti deriva anche una metamorfosi dal punto di vista artistico: nasce un'estetica «da terraferma», si dimenticano i ghirigori della Venezia gotica e si inizia a guardare con attenzione agli stimoli provenienti dalla Roma eterna (antica, soprattutto, ma anche moderna) e dall'estero.

Secondo: nel 1508 nasce a Padova colui che cambierà la storia dell'architettura, Andrea di Pietro della Gondola, in arte Andrea Palladio.

Di umili origini (il padre è mugnaio e la madre donna di casa) egli inizia presto a lavorare come semplice tagliapietre presso la bottega della famiglia Grandi, scultori e scalpellini padovani, e poi in quella del lapicida Bartolomeo Cavazza. Nel 1523 si trasferisce con la famiglia a Vicenza, dove lavora presso il cesellatore, orafo e medaglista Valerio Belli, produttore di oggetti di suprema qualità che noi oggi apprezziamo per l'esecuzione perfetta e che nel Cinquecento venivano comprati dai papi e da figure di spicco della nobiltà per decine di migliaia di ducati. Vicenza sta trovando il suo spazio e la sua voce dal punto di vista economico, commerciale e artistico: in quegli anni, è forse la città in maggiore espansione nell'area veneta.

Il primo dei mecenati che gioca un ruolo cruciale nella trasformazione di Andrea Palladio da tagliapietre-orafo in artista autocosciente, in ciò che noi chiamiamo oggi un architetto, è Gian Giorgio Trissino, umanista letterato. I due si incontrano tra il 1535 e il 1538, quando Palladio sta lavorando nel cantiere della sua villa. Trissino riconosce in lui un precoce talento e lo prende subito sotto la sua protezione, spingendolo verso l'invenzione del suo «brand»: gli consiglia cioè di cambiar «cognome» (della Gondola) e chiamarsi Palladio, termine aulico derivato dall'antica Grecia. La scelta di questo nuovo nome è significativa, in quanto caratterizzerà anche l'indirizzo artistico che prenderà il futuro architetto, il quale studia, grazie al suo protettore, la cultura classica e l'importanza del dialogo con l'antichità.

Nel 1541 Trissino lo porta con sé in viaggi di formazione a Roma, per fargli conoscere la classicità, i capolavori e le grandiose rovine romane. Ciò che colpisce Palladio dell'architettura degli antichi è il suo essere espressione di contenuti ideali e di sentimenti civili e, allo stesso tempo, il suo mostrarsi tecnicamente perfetta, oltre che funzionale a esigenze pratiche. Il classicismo palladiano si rifà al concetto che dell'antico aveva Andrea Mantegna: esso è storia, la storia deve essere una guida per una vita morale, di conseguenza l'antico deve avere un significato etico, oltre che estetico. Il classico è un ideale a cui si deve aspirare, e insieme è strumento fondamentale per affrontare i problemi reali della vita, anche dal punto di vista architettonico. Nel percorso di Palladio emergono bene questi due concetti, due lati della stessa medaglia: l'antichità come ideale di perfezione da cui prendere spunto e per rispondere alle esigenze pratiche di un luogo o di un edificio; teoria sì, ma anche pragmatismo e funzionalità. Gli spazi progettati dall'architetto vicentino uniscono quindi il principio intellettuale, entro il quale si riconoscono i valori di libertà, dignità morale, a quello concreto, dove la vita accade, esiste, si sviluppa, succede.

Nel Cinquecento la figura dell'umanista-protettore delle arti, come Trissino, diventa quella che plasma davvero pittori, scultori e architetti, permettendo loro di ampliare il proprio bagaglio di esperienze e di sviluppare un percorso artistico e culturale maturo e completo. Il nobile vicentino offre infatti a Palladio l'opportunità di imparare dal passato, e al contempo lo introduce presso le famiglie aristocratiche della zona, dove il giovane ottiene le prime commissioni, in prevalenza legate alle ville di campagna. Palladio impara così a diventare progettista per un cliente: esemplari sono i suoi disegni di architetture, nei quali egli abbozza tutte le proposte, le varie ipotesi e i dettagli utili ad aiutare la committenza a prendere le decisioni per procedere ai lavori. Nei diversi progetti da lui eseguiti si possono rintracciare tre moduli prediletti, che si ritrovano stabili in molti suoi lavori, come per esempio in una villa della famiglia Valmarana, in Villa Cornaro o in Villa Pisani: l'ingresso sotto il portico, il salone centrale e, ai due lati, le stanze distribuite secondo parametri estremamente precisi.

La nobiltà che assume Palladio è colta e operosa, attenta a sviluppare e migliorare la produzione agricola, interessata a organizzare al meglio le vaste tenute che acquista e nelle quali ama trascorrere una parte dell'anno. La vita sociale veneta si sviluppa sì in città, Vicenza e Venezia *in primis*, ma anche, e forse soprattutto, in campagna. Per queste due facce della medaglia, i palazzi cittadini da una parte e le ville dall'altra, Palladio si allontana dallo sfarzo delle architetture nobiliari di un tempo: i primi sono edifici privi di fasto, ma prestigiosi nelle forme scelte e il cui elemento essenziale è la facciata, con cui le grandi famiglie vogliono contribuire, quasi per dovere e rispetto, al nobile aspetto della propria città. Grandi o piccoli che siano, non hanno alcuna presunzione di superiorità, diversamente dagli altezzosi palazzi che si potevano vedere a Roma, come quello dei Farnese. Allo stesso modo, le ville di campagna non somigliano più a castelli fortificati o a luoghi di delizie e di spassi, come poteva essere Palazzo Te a Mantova: sono ampie case, con annessi i rustici per la gestione della tenuta; la loro pianta è aperta, sciolta, si sviluppa sapientemente a seconda dello spazio disponibile, delle caratteristiche del terreno, delle opportunità climatiche. In questi edifici si coniuga alla perfezione l'ideale classico e la praticità, laddove, accanto agli spazi dedicati all'ospitalità, ai balli, alla vita sociale, ci sono anche quelli destinati alle stalle, ai lavoratori del possedimento.

Una svolta nella carriera del giovane Palladio: il caso Villa Pisani

Nel 1542 i fratelli Vettore, Marco e Daniele Pisani, ricchi aristocratici veneziani, incaricano il giovane Palladio, di riprogettare la vasta tenuta agricola che possedevano presso Bagnolo e di trasformarla nella loro villa di campagna. L'obiettivo cui il giovane architetto aspira è ambizioso: realizzare una costruzione raffinata che rispecchi i gusti eleganti dei committenti e contemporaneamente organizzarla con elementi pratici e funzionali agli scopi agricoli che questa doveva avere. Ecco quindi nascere una casa padronale che si ispira all'antichità – l'alto basamento su cui poggia l'edificio ricorda quello usato nei templi romani, la sala centrale ha una copertura a botte finemente decorata con affreschi a temi mitologici – e al contempo contiene quegli elementi tipici delle tenute agricole: stalle, una grande barchessa (l'edificio rurale adibito agli ambienti e agli strumenti di lavoro, che divide lo spazio del corpo centrale della villa, riservato ai proprietari, da quello dei contadini) e due colombaie.

Committenze pubbliche e private

Una volta ottenuto il riconoscimento da parte di Trissino e del suo circolo aristocratico, Palladio diventa una figura di spicco nel panorama artistico-architettonico dell'area veneta, e dedicherà tutta la sua vita alla realizzazione di un'incredibile quantità di opere, seguendo precise tipologie: il palazzo cittadino, la villa, la chiesa, il teatro.

Vicenza prima di lui era una città costellata di edifici modellati sull'esempio di gotico-veneziano che caratterizzava la Serenissima, mentre grazie al suo intervento cambia, si diversifica, cercando di rispecchiare in pieno ciò che l'architetto padovano definirà, nei suoi *Quattro libri dell'architettura* (1570), «la vera bellezza e leggiadria degli antichi». Egli progetta e organizza alcuni lavori che poi diventano palazzi di una tale autorità formale da costituire punti di riferimento per lo sviluppo successivo della città. Alcuni li riesce a portare a termine, altri, invece, vengono completati molti anni dopo, sulla base dei disegni che il maestro lascia nella sua pubblicazione sull'architettura.

Città particolare, Vicenza, forse unica al mondo, in cui il concetto di basilica non allude a un complesso religioso, bensì a un'architettura laica, progettata da Palladio tra il 1546 e il 1549: le logge del Palazzo della Ragione, edificio pubblico che si affaccia su piazza dei Signori.

Il palazzo era stato realizzato in stile gotico intorno alla metà del Quattrocento, ed era destinato alla magistratura. La parte più particolare dell'edificio era la copertura a carena di nave rovesciata, ricoperta in rame e ispirata a quella trecentesca del Palazzo della Ragione di Padova, che copriva il Salone del Consiglio del Quattrocento. Verso la fine del XV secolo, l'architetto Tommaso Formenton aveva circondato il palazzo di un doppio ordine di logge, che purtroppo crollarono poco tempo dopo essere state realizzate. Per oltre quarant'anni i vicentini discuteranno circa le modalità della sua ricostruzione, e chiameranno i maggiori architetti del tempo per chiedere pareri in merito: Antonio Rizzo, Giorgio Spavento, Antonio Scarpagnino, Jacopo Sansovino, Sebastiano Serlio, Michele Sanmicheli, Giulio Romano.

Dopo tanto dibattito, è Palladio a vincere il progetto e a essere incaricato di riedificare le logge che convertiranno il Palazzo della Ragione in Basilica (con richiamo, ancora una volta, alla Roma antica, poiché era nella basilica che si discuteva di politica e affari), e che consacreranno il padovano come architetto ufficiale di Vicenza. Avvolgere un palazzo comunale gotico con un involucro classico, facendone una basilica civile romana, significa, per l'artista, donare al nucleo vitale della comunità urbana una veste classica e moderna allo stesso tempo. La struttura palladiana aggiunta a quella preesistente consente la conservazione del palazzo e la deambulazione delle persone che passano di lì, ed è caratterizzata da un preciso elemento architettonico che riprende l'antichità teorizzato dal bolognese Sebastiano Serlio (1475 circa-1554) pochi anni prima e dal quale prende il nome: il modello alla serliana, cioè un'apertura voltata con due aperture più piccole ripartite da colonne doppie. Particolare è la scelta di Palladio di usare la pietra locale, omaggio, forse alla sua prima umile professione di tagliapietre, come a chiudere il cerchio: questo edificio di fatto gli fa ottenere un grande riconoscimento e lo eleva al rango di architetto professionista anche nella committenza pubblica.

Tra gli aristocratici favorevoli ad affidare incarichi privati e pubblici a Palladio c'è il conte Girolamo Chiericati. Nel 1546 il nobile aveva ottenuto in eredità alcune vecchie case antistanti la «piazza dell'Isola» (oggi piazza Matteotti), il porto fluviale cittadino. L'area era sede del mercato di legname e bestiame. La limitatezza del corpo delle vecchie case spinge l'aristocratico a chiedere al Consiglio cittadino di Vicenza di poter utilizzare circa quattro metri e mezzo di suolo comunale dirimpetto alla sua proprietà per realizzare il porticato della propria abitazione, garantendone una disponibilità pubblica. Ottenuto il permesso il progetto viene quindi commissionato a Palladio agli inizi del 1550: nasce così

Palazzo Chiericati, che, dopo la morte del committente, rimane però incompiuto per oltre un secolo e completato solo nel 1680, su modello dei disegni palladiani. Questo edificio è un esempio perfetto della capacità dell'architetto padovano di soddisfare contemporaneamente il committente privato e la normativa pubblica: si può parlare di «urbanistica contrattata». Per la sua particolare posizione – un grande spazio aperto e leggermente defilato rispetto al centro città – assume un importante significato architettonico, diventando una quinta-sfondo al principale approdo fluviale di Vicenza, nel punto di confluenza tra i fiumi Bacchiglione e Retrone, e presentandosi come un manifesto del programma di rinnovamento urbano avviato con l'attività di Palladio.

Il palazzo, monumentale, presenta un corpo centrale con due ali simmetriche leggermente arretrate. Il piano inferiore ha un portico colonnato di ordine dorico, con fregio a metope e triglifi alternati, quello superiore, invece, è di ordine ionico con trabeazione a fregio continuo e due logge ai lati. La facciata è infine conclusa da una serie di statue e pinnacoli.

La casa-tempio a Vancimuglio di Grumolo delle Abbadesse

Villa Chiericati viene commissionata a Palladio nel 1555 circa da Giovanni Chiericati, fratello di quel Girolamo che crede nella bravura dell'architetto tanto da sponsorizzarlo in città. Essa rappresenta una svolta importante nell'evoluzione dello stile palladiano, in quanto per la prima volta viene realizzato un vero e proprio pronao ionico tipico dei templi antichi (era lo spazio colonnato che precedeva la cella) e applicato al corpo dell'edificio. Un elemento che poi verrà ripreso nei progetti successivi, come nella Rotonda e nella Malcontenta. L'edificio è un parallelepipedo poggiato su un alto basamento. Oltre al già citato pronao della parte centrale, cui si accede tramite uno scalone, la facciata principale è caratterizzata da una trabeazione con frontone triangolare sormontato da statue. In realtà la villa non viene terminata, per via della morte del committente nel 1558, e verrà completata solo nel 1584, una volta acquistata da Ludovico Porto. Palladio non prese parte all'esecuzione del progetto, curata invece da Domenico Groppino. Nonostante ciò, Villa Chiericati è elegante, maestosa, simmetrica, equilibrata, dialoga armoniosamente con l'ambiente naturale circostante, grazie alla presenza di loggiati che sembrano essere un ponte tra gli spazi interni e quelli esterni e che consentono di godere del panorama. Caratteristiche, queste, che Palladio riproporrà in altri progetti architettonici, tanto da essere diventati i tratti peculiari del suo stile.

Una villa scontenta e un'altra rotonda

Dopo la morte della prima persona che aveva creduto nel potenziale di Palladio – Trissino – nel 1550, è il veneziano Marcantonio Barbaro a diventare il nuovo mecenate dell'architetto, e, insieme con il fratello Daniele, grande intellettuale e colto traduttore di Vitruvio, a influenzarne il percorso artistico, legittimando e confermando il ruolo di grande protagonista dell'architettura che il padovano aveva ormai acquisito. I due aristocratici ereditano, tra i vari possedimenti del padre, la vecchia dimora medievale nella campagna di Maser, e incaricano il loro pupillo della sua trasformazione in villa per il diletto, lo studio delle arti e la meditazione intellettuale.

Costruita tra il 1554 e il 1558-1560 circa, Villa Barbaro è un punto importante nella definizione della tipologia di edificio di campagna: il corpo-casa e le barchesse sono per la prima volta allineate in un'unica architettura coesa. Il progetto è però per Palladio solo un mezzo godimento, perché i committenti hanno un carattere forte, che lo influenza spesso nel lavoro. Nella facciata, per esempio, lo obbligano a tagliare la trabeazione, così che il bassorilievo posto sopra l'arco nella sezione centrale appaia libero. I Barbaro mostrano una forte passione per il progetto: Daniele, entusiasta studioso di varie discipline, carica di un significato sacrale l'edificio, mentre Marcantonio disegna il ninfeo posto nella parte posteriore della villa e, probabilmente, ne realizza le splendide sculture di dèi, semidèi e telamoni.

La facciata ha quattro semicolonne di ordine ionico che reggono la trabeazione, che a sua volta è interrotta da un arco in corrispondenza del balcone del piano nobile. Le finestre presentano piccoli frontoni, curvilinei al piano terra e triangolari al piano nobile. Le barchesse, anch'esse su due livelli, hanno un porticato a cinque arcate e sono affiancate da due colombaie. La villa possiede un ampio parco nella parte anteriore, mentre sul retro si apre un giardino segreto con una peschiera e il ninfeo.

Gli ambienti interni del corpo centrale sono divisi in una serie di stanze, alcune private e altre di rappresentanza. Esse sono affrescate da uno straordinario ciclo realizzato da Paolo Veronese, il quale crea uno spazio illusionistico di incredibile qualità: nella Sala a crociera, per esempio, dipinge una complessa finta architettura fatta di colonne, bassorilievi, nicchie, capitelli, porte, balconi, e la popola di personaggi realistici, che sembrano dare il benvenuto agli ospiti (veri) della villa. In altri spazi, invece, si dedica a scene di carattere mitologico o religioso, a divinità dell'Olimpo e segni zodiacali, a raffigurazioni allegoriche di virtù.

Il mondo dell'illusione entra in casa, quasi come un capriccio aristocratico: è l'idea di potersi rimirare come in uno specchio nella dimensione di una decorazione incredibile, lussuosa, magnificente, allusiva del potere di famiglia. E il risultato è un gran teatro casalingo, un sogno diventato realtà.

Tra i capolavori eterni di Palladio c'è sicuramente la raffinata Villa Foscari, detta La Malcontenta, dalla località dove sorge, vicino a Mira, lungo il Naviglio del Brenta. Questa costruzione è fondamentale nel percorso dell'architetto, in quanto assurge a biglietto da visita con il quale si presenta formalmente alla Serenissima, quando inizia a rivolgere il suo sguardo a Venezia, punto di riferimento massimo in termini politici, finanziari, artistici. I committenti sono i Foscari, antica famiglia patrizia, che desideravano una villa raggiungibile comodamente da Venezia via barca, quindi lungo il fiume, per godere della tranquillità della campagna. Una seconda casa per i ricchi che vogliono allontanarsi ogni tanto dal tran-tran e dalla frenesia della vita cittadina.

Nomen omen?

Perché il soprannome di Malcontenta? Secondo una leggenda la villa lo prenderebbe da una dama di casa Foscari, rinchiusa lì a scontare in solitudine la pena per la sua condotta licenziosa. Si dice che ella visse in questo luogo i suoi ultimi trent'anni, senza uscire né affacciarsi dalle finestre, forse, e questa è la cosa più misteriosa, senza che nessuno le portasse da mangiare. Alcune versioni più accreditate raccontano che l'area su cui poi sorse la villa si chiamava già così nel Quattrocento, a enfatizzare lo scontento generale degli abitanti di Padova e Piove di Sacco in merito alla costruzione del Naviglio del Brenta. Altre ancora, invece, fanno derivare questo soprannome da «Brenta mal contenuta», in quanto in quella zona il fiume era soggetto a frequenti straripamenti.

Andrea Palladio inizia il progetto intorno al 1555-1556: colloca l'edificio in un'ansa del fiume, in modo che chi arrivi in barca giri intorno alla villa compiendo un semicerchio, abbia la sensazione che la dimora si muova su sé stessa e ne apprezzi i volumi. La Malcontenta sorge su un alto basamento che separa il piano nobile dal suolo, è dotata di un portico con sei colonne ioniche, un timpano che riporta i nomi dei committenti e due scalinate simmetriche e speculari. Questa stupenda visione è il risultato dell'abilità palladiana nel mescolare elementi classici – come il pronao – a dettagli della tradizione lagunare – la facciata principale, per esempio, è rivolta verso l'acqua, come gli edifici veneziani. Tra le ville dell'architetto, è l'unica ad avere una facciata posteriore di uguale complessità e bellezza di quella anteriore. Ancora una volta, Palladio opta per l'utilizzo di materiali poveri, con una particolarità, cioè l'illusione: viene mostrato come costruito in cotto ciò che dovrebbe essere in pietra, mentre il muro, di mattoni, viene rappresentato come se fosse in pietra.

La magnificenza del luogo e l'imponenza dell'edificio comunicano il prestigio social-economico dei nobili committenti, che viene confermato dagli interni: rispetto alle altre dimore realizzate da Palladio, qui un grande finestrone posto sul lato opposto dell'ingresso illumina il salone centrale e guida lo sguardo verso il paesaggio sul retro, mentre lateralmente al salone e speculari tra loro colloca i due appartamenti dei fratelli Nicolò e Alvise Foscari, formati da tre ambienti privati, che si affacciano sul giardino. Colorano pareti e soffitti raffinatissimi gli affreschi di Giovanni Battista Zelotti, allievo del Veronese, e Battista Franco, a tema mitologico, alcuni di questi richiamanti addirittura il Manierismo del Castello di Fontainebleau. Le tinte scelte dai pittori sono quelle venete, morbide e avvolgenti: rosa, sfumature di rosso-arancio, verde brillante, bianco latte – quest'ultima è l'unica *nuance* scelta da Palladio, che in realtà auspica (invano) uno spazio più asettico.

Una dimora preziosa, nella quale i committenti e i loro ospiti aristocratici si divertono, si riposano, ammirano con stupore il paesaggio naturale e sono cullati placidamente dai dettagli lussuosi ed eleganti pensati nei minimi dettagli dall'architetto che fa la moda dell'architettura e anche la sua storia.

Ormai accettato e riconosciuto dall'élite veneziana, Palladio realizza a Fanzolo di Vedelago, in provincia di Treviso, Villa Emo, per l'omonima famiglia, a partire dal 1558 circa. La costruzione e il suo stile spiegano perfettamente la funzione che ha in base al collocamento geografico, ovvero su una serie di acquitrini bonificati a favore delle coltivazioni, conformemente al cambiamento delle funzioni della Repubblica di Venezia da una vita marinara a una vita di campagna. L'architettura è infatti quella di un'unità di produzione agricola: una parte centrale abitativa sostanzialmente contenuta e le due barchesse come apparati per gestire le «macchine» di allora, cioè le braccia dei contadini. Nella facciata Palladio opta per l'ordine dorico, più semplice delle altre tipologie, con finestre senza cornici: gli esterni sono sostanzialmente modesti e privi di decorazioni. Non è previsto uno scalone, solo ampi gradoni, nessuna aulicità nel rapporto con la campagna circostante, perché il padrone veneto vuole avere lo sguardo infinito sulla capacità produttiva. Attraverso il salone centrale egli può quindi vedere fino in fondo i propri possedimenti. Le colonne sono sì imponenti, ma realizzate con materiali poveri – mattoni e intonaco semplice – così che si veicoli un'immagine di prestigio e allo stesso tempo di economia, di parsimonia.

E all'interno si trova la stessa mescolanza di prestigio e di risparmio: il ciclo di affreschi, realizzato sempre da Giovanni Battista Zelotti, è potentissimo e raffinato in certi punti, mentre in altri spazi è modesto, quasi semplice. Il pittore riprende per esempio le colonne dell'esterno, ma questa volta in versione classica, più ricche e articolate, mentre nelle stanze piccole limitrofe al salone centrale ritrae dettagli di vita garbata e i piaceri del vivere – la musica, la pittura, l'architettura, la poesia. Le pareti affrescate raccontano cosa succede all'interno della villa nel corso dell'anno: c'è una figura nascosta completamente nei suoi abiti che richiama gli inverni chiusi nei propri cappotti, com'è chiusa la villa perché non ci si viene, mentre ciò che rende vivo l'edificio, la primavera e l'estate, è ripreso nella gioia dorata di una Cerere che tiene in braccio il biondo grano. Il decoro, essendo realizzato sul finire del secolo, è una sorta di riassunto di tutte le estetiche cinquecentesche.

Cerchio e quadrato

Villa Almerico Capra, detta La Rotonda, è un edificio a pianta centrale situata nei pressi di Vicenza. Commissionata a Palladio dal conte e prelato Paolo Almerico nel 1566-1567, sarà completata da Vincenzo Scamozzi nel 1605 per i due fratelli Capra, che l'avevano acquisita nel 1591. Questa residenza, ispirata al Pantheon di Roma, è divenuta una delle più celebri eredità palladiane, nonostante non sia stata interamente realizzata da lui, ed è un *unicum* nell'architettura di ogni tempo. Per la prima volta vengono applicate a un'abitazione la cupola e, di conseguenza, la pianta centrale (il cui cerchio deriva però dall'intersezione di un quadrato con una croce greca), riservate fino a quel momento all'architettura religiosa. L'edificio è quadrato, perfettamente simmetrico, e a esso è inscritto un altrettanto cerchio perfetto, ogni facciata ha un avancorpo, una parte più sporgente, con una loggia colonnata in stile ionico sovrastata da un frontone con timpano triangolare e statue di divinità classiche. Anche questa villa, come gli altri progetti di Palladio, viene pensata per fondersi armoniosamente con il paesaggio circostante.

Venezia, la teoria e la pratica

La Serenissima offre a Palladio un'occasione fondamentale per aggiungere altri tasselli al proprio percorso architettonico: è proprio qui infatti che, anche grazie al continuo sostegno della potente famiglia Barbaro, nel 1570 studia e diventa architetto capo della Repubblica (sostituendo Jacopo Sansovino) e pubblica il trattato che influenzerà la storia dell'architettura occidentale e al quale lavora sin da giovane, *I quattro libri dell'architettura.* In questo ampio volume egli parla della scelta dei materiali, delle diverse tecniche costruttive e degli ordini architettonici, disegna e spiega molti suoi progetti di palazzi signorili, ville di campagna, e altre costruzioni mai realizzate, affiancando la tecnica e la teoria all'esempio, caratteristica assolutamente innovativa per l'epoca. Tuttavia, anziché imporre un modello-canone da copiare pedissequamente, Palladio propone degli schemi compositivi, ai quali l'architetto – a lui contemporaneo e successore – può aggiungere o modificare dettagli, creando delle varianti. Nella stesura di questo fondamentale trattato c'è sicuramente, ancora una volta, l'influenza del passato, in particolare di Vitruvio e del suo *De architectura* (I secolo a.C.), trattato che Daniele Barbaro traduce dal latino e commenta e che il padovano aiuta a illustrare. Uno degli aspetti più interessanti e moderni di Andrea Palladio è il fatto di essere uno dei primi artisti a capire il potere della comunicazione: il suo libro più importante non è infatti sull'architettura, ma sulla *sua* architettura; e questo gli servirà per essere conosciuto in tutto il mondo.

A Venezia realizza, diversamente dalle sue tipiche committenze private di ville e case, «solo» chiese. Qui cerca di fondere armoniosamente il modello di facciata a tempio classico (che funziona però su un edificio ad aula unica) con l'architettura cristiana (tradizionalmente organizzata secondo una planimetria a più navate). Per la facciata della Chiesa di San Francesco della Vigna (realizzata nel 1564), voluta da Giovanni Grimani come autocelebrazione privata dopo la sua assoluzione dall'accusa di eresia, Palladio progetta due ordini architettonici complanari, uno per la navata centrale, coperta da un timpano, e un altro per quelle laterali, coperte da semitimpani, e pensa a un alto basamento come elemento di raccordo. Questa soluzione la utilizzerà anche nell'Abbazia di San Giorgio Maggiore e nella Basilica del Redentore. Il portale è sovrastato da una finestra che si ispira a elementi delle terme romane, e ai suoi lati, entro delle nicchie, sono collocate due statue in bronzo di Mosè e san Paolo, realizzate nel 1592 (Palladio era morto da dodici anni) da Tiziano Aspetti su disposizione testamentaria del patriarca Grimani. In facciata ci sono diverse iscrizioni: nel timpano triangolare campeggia un bassorilievo raffigurante un'aquila – simbolo della protezione di Dio – e la dicitura latina «*Renovabitur*» («Sarà rinnovata», forse con riferimento alla vita del fedele, che si rinnova entrando in chiesa), alla base del timpano, la dedica della chiesa a Dio, costruttore e restauratore di entrambi i templi (quello fisico, palladiano, e quello dello Spirito): «*Deo utriusque templi aedificatori ac reparatori*»; nelle quattro lastre rettangolari le frasi «*Accede ad hoc / ne deseras spirituale / non sine iugi exteriori / interiorique bello*». Il messaggio spirituale della facciata sembrerebbe quindi un invito a entrare nel tempio cercando di allontanarsi dal peso delle faccende esteriori anche se questo comporta un grande sforzo interiore.

Nel 1575 Venezia è afflitta da una vera e propria tragedia: un'epidemia di peste che nel giro di un paio di anni causa circa cinquantamila morti. Il male sembra invincibile, così il Senato veneziano, consapevole della sofferenza del popolo, chiede al Redentore la grazia di liberarlo, e quando finalmente l'epidemia si placa decide di offrire *ex voto* una chiesa a Gesù. Ecco l'origine del Redentore, capolavoro palladiano, progettato nel 1577 e terminato postumo nel 1592. Prima ancora del disegno dell'architetto padovano, viene avviato un dibattito sul futuro luogo di costruzione, sulla scelta dell'ordine religioso che avrebbe dovuto gestire la basilica, poi sulla forma (quadrata o circolare) che l'edificio avrebbe dovuto avere. Una volta stabilito di destinare il Redentore ai padri cappuccini, Andrea Palladio risolve i problemi di natura architettonica, cercando di andare incontro alle varie proposte, combinando il concetto di tempio a pianta centrale con quello a pianta longitudinale, e allo stesso tempo rispettando la Regola di povertà – seguita dall'ordine religioso dei destinatari – nella scelta dei materiali: mattoni, cotto e stucco marmorino che imita alla perfezione il marmo. La pianta della chiesa si compone di quattro nuclei spaziali diversi tra loro: la navata è rettangolare, le cappelle laterali riprendono la forma a nartece, la cella ha due absidi e infine c'è il coro.

Negli interni è data grandissima importanza alla luce e ai suoi possibili effetti durante il giorno, che valorizzano i volumi, le forme e le decorazioni. L'esercizio del culto è uno dei tanti aspetti della vita quotidiana di una città brulicante come Venezia; dunque, Palladio opta per realizzare grandi spazi dotati di candide superfici che accentuano l'intensità luminosa, il tutto a suggerire l'idea di un rito da svolgersi alla luce del sole e in presenza di tante persone. La facciata del Redentore è l'esito più maturo degli studi palladiani sui fronti di chiese a ordini sovrapposti: qui l'architetto incastra diverse soluzioni antiche, come quattro timpani triangolari e un attico rettangolare, e mescola superfici lisce, lesene, lunette e statue.

Consacrato per sempre

Tra gli ultimi progetti di Andrea Palladio prima della sua morte nell'agosto del 1580 c'è il Tempietto Barbaro a Maser (ai piedi della pendenza su cui sorge l'omonima villa) e il Teatro Olimpico di Vicenza. Il primo edificio è un'architettura religiosa su modello, ancora una volta, dell'antichità, costruita per celebrare la famiglia committente che, dopo Trissino, aveva sostenuto l'attività palladiana. Il tempietto segue il modello circolare del Pantheon romano, a cui l'architetto sovrappone lo schema della pianta a croce greca. La facciata è articolata in un portico con frontone e due piccoli campanili collocati tra il corpo centrale dell'edificio e il pronao. Quest'ultimo ha quattro colonne e due pilastri ai lati, tutti con capitelli corinzi collegati tra loro con motivi a festoni che arricchiscono la decorazione. Il pronao è completato da due archi laterali che lo collegano all'edificio e vi si accede tramite una scalinata affiancata da due statue. Il tempietto è coronato da una cupola.

Nonostante la tradizione voglia che Palladio sia morto proprio a Maser, intento a lavorare al cantiere del Tempietto Barbaro, anche il progetto del Teatro Olimpico vicentino è databile al 1580, quando l'Accademia Olimpica (associazione culturale nata nel 1555 e di cui lo stesso Palladio faceva parte) lo commissiona all'architetto come nuovo spazio scenico entro cui svolgere le proprie attività teatrali. Serve quindi un teatro nuovo, e lui ovviamente pensa subito al teatro antico. In questo edificio il sogno del passato diventa realtà: erigere in forma stabile uno dei simboli della tradizione culturale classica. Il progetto ripropone alla perfezione il teatro dei Greci e dei Romani grazie a una precisione archeologica che affonda le radici nei testi di Vitruvio e nell'osservazione delle rovine antiche. Al passato greco-romano si ispira anche la decorazione, in particolare quella del proscenio a doppio ordine, con edicole contenenti le statue dei membri dell'Accademia Olimpica vestiti come eroi. È curioso come a dominare non ci sia la figura di Apollo, dio delle Arti, bensì quella di Ercole, l'eroe combattente delle dodici fatiche (tutte rappresentate sotto forma di statua), colui che ottiene la gloria tramite un atteggiamento virtuoso.

I lavori del teatro proseguono fino al 1584 sulla base degli appunti di Palladio, ma si concludono limitatamente alla cavea con loggia e al proscenio. Successivamente, sorge il problema della realizzazione della scena a prospettive, prevista sin dall'inizio ma della quale l'architetto non aveva lasciato un vero e proprio progetto. L'Accademia convoca quindi Vincenzo Scamozzi, che realizza scene lignee dettagliatissime e capaci di suscitare un illusionismo prospettico incredibile. Dotate di diverse assi focali, permettono allo spettatore di godere di diversi punti di vista. La parte centrale della scena, che sembra in salita, dà l'impressione prospettica di procedere verso l'infinito. Così il teatro diventa sogno.

Andrea Palladio muore all'improvviso nell'agosto del 1580, ma non sono chiare le cause del decesso né il luogo. La sua eredità culturale è raccolta da Vincenzo Scamozzi (1548-1616), che porterà a termine alcuni dei lavori dell'architetto padovano, mentre altri saranno terminati anni dopo seguendo i progetti e gli studi dei *Quattro libri dell'architettura*.

La morte non riesce tuttavia a fermare il suo successo e la gloria, complice il trattato che scrisse e che venne tramandato nella storia dell'architettura, non solo italiana. Del resto, anche Johann Wolfgang von Goethe, nel suo *Viaggio in Italia* (1816-1817) scriverà di questo genio cinquecentesco: «C'è davvero alcunché di divino nei suoi progetti, né meno della forza del grande poeta, che dalla verità e dalla finzione trae una terza realtà, affascinante nella sua fittizia esistenza».

Padre degli *States*

Palladio è stato in grado di influenzare tutta l'architettura occidentale, in particolar modo grazie al suo trattato del 1570, che arriva, tradotto, persino negli Stati Uniti d'America. È infatti qui che le illustrazioni e i suoi studi forgiano un'eredità duratura, quella di una nazione giovane che aspira ad avere una tradizione classica. Thomas Jefferson, terzo presidente USA, scienziato, ma anche architetto arriva a definire i *Quattro libri* palladiani la sua Bibbia: egli li studia approfonditamente, e poi li mette in atto in alcuni progetti, in particolar modo in quello di Monticello, sua dimora a Charlottesville, in Virginia, e in quello dell'Università dell'omonimo Stato, nei quali si riconoscono elementi, quali la facciata a tempio, il portico a colonne o la cupola, che richiamano i migliori lavori palladiani e edifici dell'antichità, come il Pantheon. Sono moltissime le architetture americane che hanno qualcosa di familiare, poiché realizzate con dettagli ripresi da quei famosi *Quattro libri*, basti pensare al Campidoglio, al Palazzo della Corte suprema, al Memoriale di Thomas Jefferson e alla Casa Bianca a Washington, oppure alla Borsa di New York.

Non è un caso, dunque, che nel 2010 il Congresso americano abbia dichiarato Andrea Palladio padre dell'architettura americana.

11.
L’eclettismo dei Carracci, da Bologna a Roma

Il ritorno al vero naturale

Con il Concilio di Trento, prende avvio la Controriforma, che impone all'iconografia regole molto rigide: l'arte, a cui si richiede precisione e decoro, deve essere abbastanza comprensibile e coinvolgente da costituire per il fedele uno strumento di devozione e di ispirazione.

A concretizzare questo severo diktat si distinguono i Carracci – due fratelli e un cugino – che da Bologna avviano una rivoluzione tesa a superare i singoli dialetti per dipingere in una lingua pittorica *italiana*.

Se Agostino è l'uomo di cultura e Ludovico dirige la scuola da loro fondata, Annibale, illetterato e impulsivo, è nato con il pennello in mano. Insieme, i Carracci superano il Manierismo per tendere a una pittura il più possibile realistica, chiara, vera. Benché in chiesa domini la severità, a casa ognuno si prende le sue libertà. Ecco dunque Medea e Giasone occhieggiare tra le pareti di Palazzo Fava, mentre Romolo e Remo campeggiano a otto metri d'altezza in un fregio di Palazzo Magnani e le gesta di Ercole, racchiuse in sfiziose cornici a stucco, decorano Palazzo Sampieri. A questo tripudio mitologico nell'arte profana risponde, da un lato, l'apertura agli umili nella «pittura di genere», e, dall'altro, la semplicità nell'arte sacra: l'*Annunciazione* di Ludovico, che invita alla pietà e alla modestia; l'*Ultima Cena* di Agostino, che chiama in causa Raffaello; la *Pietà* di Annibale, che si ispira a quella vaticana di Michelangelo. Ed è proprio dialogando con i grandi pittori del Rinascimento che Annibale, chiamato a Roma, realizza il suo capolavoro nella Galleria Farnese.

Operazione di propaganda

La fine del Cinquecento è un periodo di grande crisi per la Chiesa cattolica, impegnata a combattere la Riforma protestante. Fra i motivi del contendere c'è il grandissimo dibattito in merito all'utilizzo o meno delle icone sacre, una delle dispute più controverse del mondo occidentale. Al contrario dell'intransigenza iconoclasta protestante, la Chiesa cattolica ne legittima l'uso, tuttavia, prima della conclusione del Concilio di Trento, nel 1563, alla sua venticinquesima sessione, stabilisce i termini della liceità delle immagini, ovvero quali sono quelle che da quel momento in poi si potranno realizzare, inventare e diffondere. Se da un lato si ribadisce la precisione iconografica – cioè l'osservanza delle Sacre scritture – e il rispetto dei canoni del «decoro» (fatto, quest'ultimo, che si trasformerà in una vera e propria censura esercitata dalle autorità religiose nei confronti del nudo, ritenuto turpe e lascivo, e delle manie rinascimentali per gli episodi della mitologia), dall'altro si accentua il ruolo dell'immagine come modello di insegnamento per i fedeli, anche quelli illetterati. Una specie di *Biblia pauperum*: siamo all'opposto della Riforma protestante, secondo la quale la Bibbia la dovevano saper leggere tutti, e dunque tutti erano costretti ad alfabetizzarsi. Occorre ridisegnare il linguaggio con cui parlare ai fedeli: per la Controriforma le immagini sono uno strumento fondamentale di divulgazione e spiegazione dei testi biblici, di conseguenza devono essere immediatamente comprensibili.

L'arte sacra deve inoltre coinvolgere lo spettatore, in modo che esso possa provare emozioni finalizzate alla devozione: attraverso le immagini il fedele ringrazia, adora, prega Dio, oppure applica nella propria vita quotidiana le virtù, le azioni buone dei santi e dei martiri. Nel 1582 il cardinal legato e arcivescovo di Bologna Gabriele Paleotti pubblica un libro sul comportamento che gli artisti e i committenti della diocesi cittadina devono tenere in rapporto all'arte: *Discorso attorno alle immagini sacre e profane*. L'opera è divisa in cinque libri: il primo difende teologicamente l'esistenza delle immagini sacre dalle accuse di idolatria da parte dei protestanti e indica come venerarle seguendo la dottrina cattolica. Il secondo libro afferma l'importanza che l'arte veicoli un messaggio conforme al cristianesimo e rappresenti la realtà; di conseguenza sono considerati abusi i contenuti non conformi a dati e fatti noti, eretici, immorali e irrealistici – che non rispecchiano la realtà della natura. Un esempio di ciò sono le grottesche, soggetto portatore di messaggi sbagliati in quanto di origine pagana, non riscontrabili nella realtà, spesso costituiti da figure mostruose e inutili anche come mere decorazioni. Degli altri tre libri restano pochi frammenti, che parlano di immagini lascive, del corretto modo di rappresentare soggetti religiosi e di decorare luoghi ecclesiastici e laici, e che descrivono lo stile di vita e lavoro più consono per un artista cristiano.

Questo radicale cambiamento e rinnovamento nel programma figurativo della Controriforma – teso a superare il Manierismo ricercato che non rispecchia i canoni di chiarezza e devozionalità e ad andare verso una rappresentazione il più possibile naturale e vera – sarà realizzato in particolare non da un pittore singolo, ma da tre messi insieme, la cui coralità è il loro punto di forza: i Carracci.

Non c'è uno senza due, senza tre

Annibale (1560-1609) il geniale – e il più famoso –, Agostino (1557-1602), suo fratello maggiore, il teorico colto, e Ludovico (1555-1619), il cugino che dirigerà la loro scuola. Provenienti da una famiglia della piccola borghesia bolognese, tutti e tre si dedicano alla pittura formandosi in un ambiente intriso della complessa tradizione tardo-manierista, dalla quale si distaccano presto. Intorno al 1582 fondano insieme l'Accademia pittorica dei Desiderosi, che diventa stabile nel 1590 con il nome di Accademia degli Incamminati, ovvero adatta a tutti coloro che si trovano sulla strada magica verso la modernità. Lo scopo di questo istituto è quello di assicurare una formazione il più possibile completa e poliedrica a livello sia teorico sia pratico in diverse discipline. Uno degli imperativi pittorici dell'istituto è quello di copiare dal reale, da ciò che gli artisti possono vedere con i loro occhi mentre dipingono, abbozzano, disegnano, scolpiscono. Il cambiamento portato avanti dai Carracci comincia quindi con la pittura dal vero.

Agostino è un uomo di cultura – frequenta le botteghe di architetti, incisori orafi e scultori, visita più volte Venezia e Parma, studiandone le influenze pittoriche –, e in qualche modo rappresenta l'opposto di Annibale, che non sa né leggere né scrivere, ma che già nasce con un grande talento artistico, con il pennello in mano. I due hanno punti di vista differenti sulla vita, spesso si scontrano. Il cugino Ludovico intuisce presto che la loro forza e modernità dipendono anche da questa diversità, così fa di tutto per unire all'impazienza di Annibale la diligenza di Agostino. Inizia così il loro proficuo lavoro di squadra, che passerà alla storia.

Nonostante le rigide regole sull'iconografia imposte dalla Controriforma, l'Italia è colpita da uno strano fenomeno: le case dei ricchi e dei nobili sono costellate di nudi ed episodi mitologici. In realtà la questione sta proprio in questi termini: se da un lato il riformato protestante diventa tutto «casa e chiesa», il controriformato cattolico accetta in chiesa la severità e in casa propria si prende le sue libertà. Questo vale anche per i Carracci: il primo importante lavoro che svolgono insieme è un ciclo di affreschi per il piano nobile di Palazzo Fava, a Bologna. Al committente, il conte Filippo Fava, personalità di spicco di una delle famiglie più antiche e importanti di Bologna, i tre arrivano grazie al padre di Agostino e Annibale, sarto del nobile. Tra il 1582 e il 1584 si misurano quindi con le storie degli Argonauti, di Giasone e di Medea, il mito di Europa e alcuni temi tratti dall'*Eneide* (quest'ultima decorazione, secondo la critica, è probabilmente di qualche anno successivo). In questi affreschi i tre cugini, avvalendosi anche della collaborazione di altri artisti, tra i quali Francesco Albani e Bartolomeo Cesi, propongono un primo assaggio della loro riforma naturalistica in direzione di un nuovo Classicismo, raggiungendo esiti di straordinaria modernità anche nel sovvertimento delle tradizionali concezioni narrative, dando luogo a una molteplicità di azioni all'interno dello stesso riquadro.

Questa collaborazione a sei mani mescola le caratteristiche stilistiche di ognuno e dà vita a una storia incredibile che si dipana a fregio in diciotto sequenze senza soluzione di continuità, subito sotto al soffitto delle varie sale. Ecco quindi che il mito degli Argonauti, la conquista del Vello d'oro, gli incantesimi della maga Medea, le gesta eroiche di Giasone diventano una sorta di fumettone appassionante che, scavalcando il cadavere del Manierismo e le sue forme ingessate e iperdecorate, narra una storia sotto una luce *vera*, con pennellate leggere e brillanti. Il tutto accade sulle spalle di seri telamoni, che reggono l'architettura come nella migliore tradizione rinascimentale. Tra le varie scene, una delle più importanti è quella raffigurante Medea, assorta e seducente, intenta a purificarsi in un ruscello al chiaro di luna: questo è uno dei primi nudi alla maniera moderna.

Gli affreschi di Palazzo Fava hanno un successo tale, che di lì a qualche anno i tre pittori sono chiamati ad affrescare la straordinaria sala del piano nobile di Palazzo Magnani, sempre a Bologna, destinata alle feste e ai balli. Lorenzo Magnani è uno degli uomini più ricchi della città e nel 1590 è nominato senatore, carica da lui tanto agognata, da papa Sisto V. Egli chiama quindi in casa sua i Carracci, affinché realizzino un fregio molto più grande di quello di Palazzo Fava, con scene a grandezza naturale (le figure ritratte, infatti, sovrastano tutto il sottotetto della sala), a otto metri circa d'altezza. Nasce così il ciclo della *Storia della fondazione di Roma*, datato tra il 1590 e il 1592. Gli episodi affrescati sono fedeli al Libro I delle *Vite parallele* di Plutarco, dalla lupa fino all'apparizione del fantasma di Romolo. L'unica scena che manca è quella dell'omicidio di Remo, in quanto il senatore, che ha fratelli, preferisce che i tre la ignorino.

Fra tutti, spicca il riquadro del Ratto delle Sabine, quando le donne si misero in mezzo al conflitto, incerte se difendere i propri padri o i propri nuovi mariti, ritratte dai Carracci in maniera quasi più virile e bellicosa dei Romani. La «ghiottezza» di questi corpi incanta lo sguardo.

Decorano varie scene molte festose ghirlande, che celebrano i Romani che fanno guerra ai Sabini e bizzarri telamoni sorretti e solleticati beffardamente da putti capricciosi. Ovunque ci sono fantastici dettagli, piccoli segni rapidissimi che indicano il tentativo riuscito di portare in pittura i bassorilievi in bronzo dorato, maschere grottesche, spaventose, contorte. Il tutto per esaltare questo fumetto incredibile, fatto da paesaggi sublimi di un'antichità classica che celebra la nascita di Roma. Inoltre, ancora una volta, mentre la Controriforma è severa in chiesa, il mondo privato non si vergogna di nulla e celebra il nudo come in pieno Rinascimento.

È una pittura meravigliosa e aderente al vero: tutto è dipinto seguendo un modello in carne e ossa o ciò che è osservabile in prima persona – il cielo, gli alberi, ma anche i telamoni, che fingono di essere di marmo, e i putti. Lo scopo dei Carracci è di prendere il meglio da Tiziano, Veronese, Correggio e altri. Dipingere, quindi, in una lingua pittorica *italiana*, non più veneta, romana, genovese, napoletana, bolognese...

L'ultima volta insieme

Nel cuore di Bologna sorge Palazzo Sampieri, che nel Cinquecento apparteneva a uno degli alti dignitari della città, Astorre Sampieri. È uno scrigno che conserva sulle volte dei soffitti e sui camini delle sale a pianterreno, entro raffinate cornici di Gabriele Fiorini, alcuni meravigliosi affreschi di Ludovico, Agostino e Annibale Carracci, raffiguranti il *Mito di Ercole*. Questo è il loro ultimo lavoro del gruppo, datato tra il 1593 e il 1594 circa. Succede qui una cosa molto curiosa. Se fino a poco tempo prima gli spazi delle case private erano affrescati per intero o decorati con grandi quadri incorniciati, a Palazzo Sampieri nasce invece una curiosissima contaminazione: l'affresco contenuto in una sfiziosa cornice in stucco, cioè realizzato come se fosse un quadro su tela o su pala, quindi nato per spostarsi, ma invece destinato a rimanere fisso al muro. Un'evoluzione bizzarrissima del Manierismo, ripreso nelle cornici, mentre i «dipinti» sono il primo passo veloce verso ciò che fra un attimo sarà la pittura barocca. Ovunque c'è un tripudio di carni, di contorsioni di schiene, di figure mitologiche e divinità romane (come Cerere, che disperata gira la notte alla ricerca della figlia Proserpina rapita da un muscolosissimo Plutone) nonostante la Controriforma. In questi affreschi si comprendono molto bene i riferimenti artistici dei Carracci, in particolar modo la Sala dei Giganti a Palazzo Te, cioè il primo dipinto realizzato al soffitto e concepito per essere visto dal basso, realizzato da Giulio Romano e la Camera degli Sposi di Andrea Mantegna. Agli affreschi i bolognesi aggiungono tre grandi tele, questa volta staccabili – *Cristo e la Samaritana al pozzo* di Annibale, *Cristo e la Cananea* di Ludovico e *Cristo e l'adultera* di Agostino – che in epoca napoleonica vengono trasferite presso la Pinacoteca di Brera a Milano.

Missione devozione

I Carracci lavorano per committenti ricchi e per la Chiesa, adottando una lingua pittorica colta, che a tratti si ispira al Rinascimento, ma è anche naturalista e, nel caso dei quadri religiosi, di facile comprensione per tutti i fedeli, proprio come predicava il cardinale Paleotti nel trattato *Sulle immagini sacre e profane*.

Uno degli esempi più emblematici della novità portata dai Carracci in pittura è l'*Annunciazione* che Ludovico dipinge nel 1585 circa (farà nel corso degli anni diverse versioni). Essa risponde a tutte le richieste avanzate dalla Chiesa e allo stesso tempo rispecchia i tratti principali che faranno la storia artistica dei tre artisti bolognesi: il soggetto è uno degli eventi più fondamentali della vita di Maria, e il tutto è realizzato in modo semplice, lontano dalla complessità manierista. Ludovico abbandona ogni elemento superfluo o artificioso, utilizza una «normale» prospettiva centrale – ispirandosi, con molta probabilità, all'*Annunciazione* di Leonardo da Vinci –, abbracciando dettagli che tradiscono il suo desiderio di rappresentare il vero, la realtà. Ecco quindi un pavimento che imita il cotto e la pietra, una stanza molto umile, quasi spoglia, entro cui si svolge la scena, e poi, fondamentali, le due figure della tradizione evangelica: la Vergine, sulla destra, e l'angelo, a sinistra. La prima è ritratta in ginocchio e con lo sguardo verso il basso, intenta a leggere un libro di preghiere. Ha un vestito rosa accollato e semplice, popolare, così come è modesta, per nulla elaborata, la sua acconciatura. L'angelo, con un vestito bianco bordato di rosso, ha le ali spiegate (non si sa se sia appena arrivato o stia per ripartire) e si inchina al cospetto di Maria, offrendole un giglio, simbolo di purezza e castità. Con l'altra mano indica invece il cielo, veicolando lo sguardo dell'osservatore verso l'alto, in particolare alla colomba dello Spirito Santo entrata improvvisamente dalla finestra spalancata.

Pur realizzando un'opera semplice, Ludovico inserisce un dettaglio particolare: alcuni gradini di una scala, illuminati dietro l'angelo, che sembrano richiamare sia l'importanza della fede come *trait d'union* tra gli uomini e Dio, sia il ruolo svolto dalla Madonna per comunicare il messaggio divino sulla Terra, tramite il Figlio. La tela, forse realizzata per una chiesa bolognese, avrebbe dovuto ispirare il fedele alla pietà, alla modestia, alla devozione: obiettivo raggiunto.

Altro esempio dell'attenzione dei Carracci all'applicazione dei canoni imposti dalla Controriforma è l'*Ultima Cena*, che Agostino realizza tra il 1593 e il 1594. Un soggetto approvato dalla Chiesa e ormai consolidato nella tradizione pittorica, con un pizzico di rimando al Rinascimento: in particolare la monumentalità degli apostoli e l'impostazione architettonica richiamano Raffaello.

La *Pietà*, invece, dipinta da Annibale intorno al 1600 per la devozione privata di Odoardo Farnese, è una versione lussuosa di una serie di patologie coloristiche che si ritrovano nei quadri del cinquecentesco Matthias Grünewald (pittore tedesco noto per l'intensità visionaria con cui ha trattato temi di carattere religioso), come la mano livida del defunto Cristo. Questo dipinto del Carracci si ispira senza alcun dubbio alla *Pietà* vaticana di Michelangelo Buonarroti, basti notare la composizione piramidale e la mano sinistra della Vergine protesa in avanti in un gesto di rassegnazione. Le spalle di Cristo appoggiano sulle gambe e sul ventre della Madonna, la quale, composta nel suo dolore, prende coscienza della morte del Figlio e lo sorregge, aiutata da un putto. In questa scena drammatica (e religiosissima) Annibale decide di inserire un fatto quasi domestico, quotidiano: un altro amorino alato, in basso a destra, che si chiede, guardando verso l'osservatore, se i chiodi della croce pungano sul serio. Anche questo dipinto ribadisce come l'aspirazione carracciana di passare da un dialetto artistico bolognese alla lingua italiana sia riuscita.

Religioso… ma non troppo

San Sebastiano è convenzionalmente raffigurato legato a un albero o a un pilastro e trafitto da frecce, o con le ferite curate da Irene. Secondo la tradizione, dopo essersi ripreso dalla tentata esecuzione, il martire fu picchiato a morte e gettato nelle fogne su ordine dell'imperatore romano Diocleziano, che gli negò la sepoltura, segno di massimo disprezzo. Ludovico Carracci sceglie di rappresentare il momento in cui i soldati romani scaricano il corpo inerte del santo nell'antico sistema fognario, la Cloaca Massima, riducendo un eroico martire a un inutile cadavere. Nasce così, nel 1612, il *San Sebastiano gettato nella Cloaca Massima*, che il cardinale Maffeo Barberini commissiona per una cappella di famiglia sotterranea nella Chiesa di Sant'Andrea della Valle a Roma. L'edificio sorgeva nel luogo in cui il corpo del santo fu recuperato da un canale di scolo, l'*Euripus Agrippae*. In una lettera al fratello, il cardinale Barberini esprime però la sua preoccupazione per il fatto che la schietta rappresentazione naturalistica del cadavere del santo fatta dal pittore bolognese sia poco consona per l'ambientazione prevista, temendo che non ispiri molta devozione. Tuttavia, pur optando per conservarlo nella sua collezione privata e di non esporlo nella cappella, apprezza la rappresentazione veritiera della forza bruta dei soldati romani, in netta contrapposizione con la posizione ormai inerte del futuro martire, il cui aspetto eburneo stride con i toni più scuri e violenti di tutto il quadro, in uno scenario quasi apocalittico.

Una laica Cappella Sistina

Nonostante i grandi successi bolognesi, il gruppo dei tre parenti pittori si scioglie quando Annibale e Ludovico vengono chiamati dal cardinale Odoardo Farnese a decorare la volta della galleria all'interno del nobile palazzo di famiglia in vista del matrimonio (che avrebbe avuto luogo nel 1600) del trentenne Ranuccio Farnese con Margherita Aldobrandini, nipote undicenne di Clemente VIII. Solo Annibale accetta l'invito, e a metà degli anni Novanta parte per Roma, la quale diventa ben presto carracciana. L'approdo del pittore bolognese accade in un momento di particolare fermento per la Città Eterna, luogo di incontro per artisti che cambieranno le sorti della storia dell'arte. Qui Carracci può ammirare la Cappella Sistina e le Stanze Vaticane di Michelangelo e Raffaello, entrare in contatto (per poi superarla) con la tradizione pittorica tosco-romana, mantenendo sempre ben salda la sua conoscenza dei maestri del Nord Italia – Correggio, Tiziano, Tintoretto e Veronese.

A Palazzo Farnese, oggi sede della più bella ambasciata della città, quella di Francia, Annibale Carracci trova un cliente di dimensione talmente diversa (e importante) rispetto ai precedenti committenti da cambiare il peso della sua pittura, e nel 1597 inizia a lavorare alla volta, portando ben presto una ventata di freschezza nella scena artistica romana, all'epoca tramortita e immobilizzata dagli stilemi accademici tardo-manieristi.

Annibale supera la complessità della Galleria Farnese, che è stretta e lunga, difficile da decorare, realizzando un'architettura in *trompe-l'œil* che amplia lo spazio, dove scultura e pittura si uniscono e si confondono. L'occhio dello spettatore si perde in una narrazione assolutamente laica: alle pareti e sul soffitto sono descritti amori profani e mitologici, passioni tra divinità, come le aveva raccontate Ovidio nelle sue *Metamorfosi*, e tutte le scene sono unite senza soluzione di continuità, tramite medaglioni in finto bronzo, atlanti e telamoni che imitano il marmo e sostengono l'architettura dipinta, illusionistiche cornici di stucco.

Al centro di tutto c'è il *Trionfo di Bacco e Arianna*, una scena di festa dove tutte le figure – baccanti, satiri, sileni – celebrano le nozze della coppia seguendo il carro dorato di Bacco e quello d'argento di Arianna. Un piccolo particolare colpisce l'attenzione: la corona che un amorino porge alla donna è fatta di stelle, simbolo della famiglia Aldobrandini.

Il ciclo affrescale si dipana dunque tra giochi ottici e di prospettiva, dove sono evidentissime le citazioni dei più grandi maestri del Rinascimento, da Raffaello a Michelangelo e ai suoi moltissimi «ignudi» della Cappella Sistina. La libertà e la sensualità di queste immagini carracciane rivelano, ancora una volta, che all'interno delle case nobiliari il rigore del Concilio di Trento non entra, e anzi torna ancora più vitale di prima la cultura antica e rinascimentale: la Galleria Farnese è come la Cappella Sistina, ma laica, dove si celebra l'amore sensuale, erotico e assolutamente profano – come quello tra Giove e Giunone, marito e moglie, vicini in atteggiamento intenso – e la volubilità delle passioni – si pensi al riquadro della casta Diana sedotta da Pan con l'offerta di bianche lane.

Pittura di genere

Quando alla fine del Cinquecento si sviluppa un movimento di forte reazione al virtuosismo manierista, i Carracci rispondono con un ritorno al vero naturale e alla semplicità di lettura dell'opera d'arte. L'apice di naturalismo viene raggiunto da Annibale, che accanto ai temi religiosi e mitologici dipinge anche soggetti umili della realtà quotidiana, ai quali dà una dignità artistica senza precedenti. Egli è considerato uno degli iniziatori in Italia, se non proprio il primo, della cosiddetta «pittura di genere», cioè quella che predilige soggetti popolari raffigurati nelle loro faccende di ogni giorno e che si era già diffusa a metà del XVI secolo in Olanda. Però, a differenza dei fiamminghi, Annibale non ha alcun intento allegorico, morale o satirico, tratti che contraddistinguevano spesso le scene di genere olandesi, i cui protagonisti erano grotteschi e tragicomici.

Uno dei lavori sulla realtà più emblematici di Annibale è *Il Mangiafagioli* (1584-1585), un'opera commovente nella sua semplicità. Un uomo, forse un contadino, è ritratto seduto a un tavolo intento a divorare un piatto di fagioli. Quando viene realizzato questo dipinto è impensabile che il mondo al quale il mangiafagioli appartiene diventi il soggetto di un quadro: gli artisti sono intenti a rappresentare prevalentemente Dio ed episodi religiosi. E invece Annibale, innovatore, non teme la modernità, e sceglie di dare spazio a chi non aveva mai avuto voce fino a quel momento, dando vita a una scena di vita vera e quotidiana incredibilmente toccante. Il popolano, infatti, ha paura che l'osservatore gli freghi il pane, e quindi ci tiene una mano – callosa, raggrinzita, tipica di chi usa la vanga – sopra. Egli è allo stesso tempo attento che nessuno gli rubi le sue poverissime cibarie (come una torta salata e alcuni porri), forse allarmato che il padrone possa entrare e scovarlo mentre beve l'unica cosa «di lusso» che c'è sulla tavola, cioè un bicchiere di vino rosso, e sicuramente affamatissimo e concentrato a godersi quel cucchiaio colmo e sgocciolante di fagioli.

Il Mangiafagioli non è la sola scena di genere dedicata al quotidiano dipinta da Annibale in gioventù; a Bologna, infatti, il Carracci realizza altre tele simili nel tema, si pensi alla *Piccola macelleria* (1584 circa) e alla *Grande macelleria* (1585), alle molte versioni del *Ragazzo che beve* (1580-1585), a *Due bambini molestano un gatto* (1587-1588).

La verità del Sé

Annibale declina il ritorno al vero in pittura in chiave di autoritratto, realizzando diverse tele dove il soggetto è la sua persona. In *Autoritratto con altre figure* (1593 circa) si ritrae allo specchio con tre uomini, la cui identificazione è ancora dibattuta. Alcuni sostengono possano trattarsi di Antonio, padre di Annibale (la figura più anziana), mentre il giovane potrebbe essere il nipote Antonio, figlio illegittimo del fratello Agostino. Altri, invece, trovano probabile il riferimento alle «tre età dell'uomo». Qualunque sia la corretta risposta – che forse non sapremo mai – il quadro è rivelatore di un dettaglio importante: sembra che Annibale guardi verso di noi, però, se lo si osserva bene, si può notare che l'artista tiene la tavolozza con la mano destra e il pennello con la sinistra. Cosa significa? Vuol dire che il pittore sta in realtà guardando dentro uno specchio. Questa, oltre a essere una prassi comune tra gli artisti – agevolati a dipingersi vedendosi in una superficie riflettente – è una metafora emblematica di come Annibale vede l'arte: uno specchio della vita quotidiana. In *Autoritratto su cavalletto* (1603-1604), una delle sue ultime tele, egli raffigura anche un angolo del suo studio a Roma. La cosa commovente è che quando la realizza, solamente per se stesso, ha quarantatré anni ed è vicino alla morte, ma il dipinto sul cavalletto – un vero e proprio metadipinto – lo ritrae quando ne aveva venticinque. Un po' *vanitas*, un po' *memento mori*.

Le prime due opere sono le più crude, scioccanti, non roba per vegetariani: carcasse di animali in primo piano, insieme a macellai intenti a svolgere il loro lavoro. Anche qui, quindi, i soggetti sono nuovi, moderni, persone umili, ma non c'è niente di grottesco. Il padre di Ludovico Carracci era un macellaio; forse Annibale fece proprio da lui lo studio dei modelli per le sue tele. Ancora una volta ci si trova di fronte a due dipinti rivoluzionari nella loro semplicità. È curioso che la *Piccola macelleria* sia oggi conservata a Fort Worth (presso il Kimbell Art Museum), in Texas, soprannominata dagli americani *Cowtown*, città delle mucche, in quanto è tutt'ora uno dei centri principali di allevamento di bestiame.

In *Due bambini molestano un gatto*, invece, l'osservatore può quasi già visualizzare il risultato che otterranno i due monelli a disturbare il placido felino. Quest'ultimo infatti sembra già pronto a graffiare la mano della bambina divertita e a soffiare le sue rimostranze. Un'altra scenetta di genere spontanea, comune, genuina, che incorpora alla pittura una lezione del tipo «Non svegliare il can che dorme»!

12.
Rembrandt, Rubens e Vermeer, tre artisti a confronto

La vita vera

Il Seicento, nei Paesi Bassi, è un secolo di svolta: da una parte si scatena la guerra civile tra cattolici e protestanti, dall'altra prende avvio una politica di espansione coloniale e commerciale che arriverà fino alle «Indie Orientali». La borghesia si impone e porta la sua realtà – fatta di stoffe e monete, velluti e pizzi, nature morte e gioielli preziosi – al centro della tela.

A rappresentare la dicotomia tra Riforma e Controriforma, due grandissimi artisti. Rubens, figlio di un magistrato calvinista, si converte al cattolicesimo e, da raffinato cosmopolita qual è, dipinge l'opulenza, la sensualità, il tripudio di carni, in un'abbondanza di colore e di movimento. Nell'antichità trova un serbatoio di vizi e virtù, mentre dal mondo aristocratico a cui appartiene trae soggetti d'ispirazione e alte committenze. Una generazione dopo, Rembrandt, figlio di un mugnaio, collezionista compulsivo e re degli autoritratti, dipinge, senza idealizzarli, donne e uomini del suo tempo, nobili orientali e ghirlande fiorite, antiche dee dal doppio mento e bibliche figure in giarrettiera. Nelle sue opere tutto diventa pathos e materia, luce e ombra, esplorazione dei sentimenti umani e instancabile tensione realistica.

Come sintesi tra i due arriva infine, alla terza generazione, Jan Vermeer. Sotto il suo sguardo limpido e trasversale, l'umile normalità casalinga raggiunge la perfezione della riproduzione pittorica. Nei suoi piccoli grandi capolavori, il latte è latte, il pane è pane, e la luce viene da fuori portando sulla scena spaccati di vita vera.

Il Secolo d'oro, malgrado la guerra

A metà del Cinquecento Carlo V d'Asburgo abdica e cede l'impero e il titolo di imperatore al fratello Ferdinando, mentre al figlio Filippo II lascia la Spagna, i possedimenti d'Italia e le Fiandre, che all'epoca sono diventate vastissime, estendendosi dal nord della Francia alle foci paludose del Reno, e dove si assiste alla diffusione della Riforma protestante.

Nel 1567 il nuovo governatore generale d'Olanda Fernando Álvarez de Toledo, Duca d'Alba, a capo di un esercito di settantamila uomini, entra nei Paesi Bassi per restaurare obbedienza religiosa (al cattolicesimo) e politica. Un anno dopo istituisce il Tribunale dei Disordini per la condanna di eresie e instaura una serie di imposizioni fiscali. Le province del Nord si ribellano e inizia la guerra civile: un popolo di «casalinghi» si trasforma in un popolo di eroi. L'esercito spagnolo viene inizialmente cacciato, ma in pochi anni i cattolici – spagnoli e nederlandesi – riconquistano Arras, Anversa e il Brabante, sotto la guida di Alessandro Farnese, che viene nominato governatore dei Paesi Bassi nel 1578. L'anno dopo, contro di loro si forma l'Unione di Utrecht, capitanata da Guglielmo d'Orange, un tedesco nato e cresciuto alla corte di Carlo V.

Le province olandesi sono divise in una parte meridionale aristocratica e cattolica, fedele alla Spagna, e in una settentrionale composta prevalentemente da una borghesia calvinista e mercantile, fiera e rigorosa. Quest'ultima decide di siglare un Atto di abiura nei confronti del sovrano spagnolo e di strutturarsi sotto forma di repubblica fondando la Lega delle Sette Province del Nord. La più ricca di queste, l'Olanda, darà il nome alla Federazione. La guerra durerà ottant'anni e si concluderà nel 1648, lo stesso anno della Pace di Vestfalia che chiude anche la Guerra dei trent'anni e dà all'Europa il suo assetto nazionale definitivo.

Nonostante la dura lotta per l'indipendenza dalla Spagna e le repressioni, il XVII secolo è il «Secolo d'oro» dei Paesi Bassi, che danno avvio a una politica di espansione coloniale e commerciale. Nasce nel 1602 la prima multinazionale della storia, la Compagnia olandese delle Indie Orientali, sorta per ottimizzare i profitti ed evitare l'eccessiva competizione tra i mercanti olandesi che operavano in quell'area e governata anonimamente dal consiglio di diciannove signori. Nel 1606 sorge la prima banca centrale d'Europa ad Amsterdam, città che in meno di cinquant'anni passa da diecimila a centomila abitanti. Protagonista di questa grande rivoluzione è la borghesia calvinista, presto al centro anche della politica europea, forte della propria abilità in ambito mercantile e affaristico.

I Paesi Bassi del Seicento sono quindi caratterizzati da una cultura dell'abbondanza che diventa addirittura esaltazione del lusso in piena Guerra dei trent'anni. Ciò lo si può vedere anche in pittura, dove gli artisti olandesi rappresentano nature morte esaltanti e ricche (come la *Natura morta con formaggi* dipinta da Floris van Dijck nel 1615, con formaggi di casa e prodotti esotici come le olive, o la *Natura morta con calice dorato* di Willem Claesz Heda, del 1635) e ritraggono esponenti borghesi nella loro quotidianità legata al denaro e al commercio di beni. La prosperità di questa nuova classe dirigente passa attraverso le stoffe e i soldi: ecco quindi che nelle opere i personaggi sono avvolti in preziosissimi abiti rigorosamente neri – seri ed eleganti – e sono sempre impegnati a contare monete, come gli anziani direttori e direttrici del lebbrosario di Amsterdam, dipinti da Werner van den Valckert in due quadri del 1624. Contanti, cambiali alla mano e volti severissimi anche quelli di tre uomini, forse banchieri o governatori di qualche istituzione, ritratti un anno dopo da Thomas de Keyser. E le donne? Le giovani mogli dei ricchi olandesi sono anch'esse sempre vestite di nero, ma con un senso del lusso che oscilla tra la morigeratezza tipica delle suore e la preziosità delle principesse: la signora Maria van Strijp, dipinta da Johannes Cornelisz Verspronck nel 1652, sembra una pia religiosa con un abito bianco e nero e i capelli raccolti, ma allo stesso tempo mostra tutta la sua agiatezza (e quella del marito) sfoggiando gioielli di ogni sorta.

La forte dicotomia tra un Sud rimasto cattolico e un Nord riformato si riassume alla perfezione nella parabola artistica di due pittori olandesi che rappresentano queste due diverse culture e questi due diversi mondi politici: Rubens, che dopo essersi convertito al cattolicesimo diventa uno dei massimi esponenti della Controriforma e della pittura barocca fiamminga, e Rembrandt, protagonista indiscusso del protestantesimo e del Secolo d'oro.

Quando la storia entra in letteratura

Don Chisciotte della Mancia di Miguel de Cervantes è considerato uno dei romanzi più famosi dell'umanità (pubblicato in due volumi nel 1605 e nel 1615). La lotta contro i mulini a vento è una questione personale ed esistenziale, di natura picaresca, oppure è la storia dell'intera Penisola iberica che per ottant'anni ha tentato di abbattere i mulini a vento degli olandesi? Forse è entrambe le cose, visto che nei Paesi dei polder, dove le pecore pascolano sotto il livello del mare, gli uomini si sono battuti con la medesima determinazione contro l'oceano e contro la Spagna, certi della loro superiorità in quanto salvati dalle acque e dominatori dell'energia di allora, il vento, sia sulla terra (grazie ai mulini) sia in mare (con una forte flotta navale).

Ce n'è per tutti i gusti

Pieter Paul Rubens (1577-1640) trascorre l'infanzia a Colonia, dove il padre Jan, il più alto magistrato di Anversa, si era rifugiato per sfuggire alle persecuzioni del Duca d'Alba contro i protestanti calvinisti. In questa città l'uomo diventa amministratore dei beni di Guglielmo d'Orange e amante della moglie. Colto in flagrante, finisce in galera. Il figlio, che per solidarietà familiare dovrebbe stare dalla parte dei «ribelli», si trasferisce ad Anversa, dove però sceglie di schierarsi con la causa dei «meridionali» cattolici e si converte alla loro religione. Dal 1600 al 1608 va a studiare pittura in Italia, prima a Venezia, per imparare dalle tele di Tiziano, Tintoretto, Veronese, poi presso la corte dei Gonzaga a Mantova – nella quale Giulio Romano gli insegna la passione per le carni –, e infine a Genova e a Roma, dove approfondisce gli artisti rinascimentali e alcuni suoi contemporanei, come i Carracci e Caravaggio.

Omaggio ai fondatori

Rubens omaggia la città di Roma con una personalissima interpretazione delle sue origini mitiche: *Romolo e Remo.* Dipinto ad Anversa nel 1612, dopo il ritorno dall'Italia, il quadro viene probabilmente commissionato da Isabella di Spagna, governatrice dei Paesi Bassi.

Il celebre soggetto è trattato secondo la tradizione: il pastore Faustolo (sulla destra) scopre i due gemelli mentre vengono allattati da una lupa. Presenziano la scena, ricca di dettagli naturalistici, anche Rea Silvia, madre di Romolo e Remo, e un uomo anziano, che raffigura il fiume Tevere. Sulla testa dei bambini e della lupa vola un picchio, uccello caro a Marte (padre di Romolo e Remo), con in bocca alcune ciliegie, così come tramandano Ovidio e Plutarco. Per realizzare quest'opera solenne e al contempo agreste, quasi intima, Rubens si ispira alla tradizione scritta e alle fonti iconografiche antiche e moderne, come la statua romana del *Tevere con Romolo e Remo* attualmente esposta al Louvre.

Di ritorno nelle Fiandre, Rubens riveste cariche di prestigio e diventa pittore di corte presso gli arciduchi Alberto e Isabella di Spagna. Grazie al loro sostegno apre una propria bottega, nella quale lavora anche Antoon van Dyck, uno dei suoi allievi prediletti.

Nelle sue tele si va dall'antichità concepita come serbatoio di lezioni morali, come nel caso del dipinto raffigurante Seneca morente (1612-1613), che sembra quasi un attore hollywoodiano e ha le vene delle gambe straordinariamente tardorinascimentali, all'antichità intesa come autorizzazione a citare la mitologia e conseguentemente la crapula: come accade nei numerosi dipinti raffiguranti Sileni ubriachi e baccanali (*Il Sileno ubriaco*, 1620), emblematici della grande lezione imparata negli anni di formazione a Mantova e sostanziali citazioni di Giulio Romano, in particolare della sua *Sala di Amore e Psiche* presso Palazzo Te. In Rubens ci sono satiri che succhiano il latte da una madre dal volto fiammingo, mentre Bacco ricorda il proprietario di una birreria e le figure femminili che assistono divertite alle scene di festa e ubriacatura sembrano parenti delle cameriere d'Olanda.

Ogni tema offre pretesti per mostrare il nudo, anzi, più che il nudo la carne: i corpi – prevalentemente femminili – sono voluttuosi, sensuali, morbidi, dinamici. Nel *Ratto delle Leucippidi* (1615-1618), per esempio, c'è una rappresentazione carnale così viva che sulla pelle di porcellana delle bellissime giovani assalite si vedono persino i graffi rossi che i Dioscuri hanno fatto sui loro fondoschiena.

E poi l'antichità diventa moderna, cioè entra in pieno Seicento, quando la Nike che premia l'eroe è ben lontana dalla «perfezione» del canone greco e abbraccia l'opulenza e la sensualità grazie a un corpo abbondante, «cellulitico», che garantisce la non appartenenza ai poveri della Guerra dei trent'anni (*L'eroe incoronato dalla Virtù*, 1613-1614).

Ma la carne e il «grasso» non sono solo sinonimo di erotismo: spesso sono così morali da apparire perfino in tele religiose, come nel *Grande Giudizio universale* dipinto tra il 1614 e il 1617 per l'altare centrale della chiesa dei Gesuiti di Neuburg, dove compare un groviglio movimentato di corpi, un vero e proprio tripudio di carni.

Accanto a questa tipologia di dipinti Rubens realizza anche alcune tele più folli, dove i soggetti sono bestie feroci o inquietanti figure. Nella *Caccia all'ippopotamo e al coccodrillo* (1615-1616) si assiste alla brutalità dell'uomo contro gli animali: il dipinto è un capolavoro di movimento centrifugo e centripeto, dove tutto ruota attorno alla bocca dell'ippopotamo che cerca di difendersi dagli attacchi dei cacciatori. Nella *Caduta degli angeli ribelli* (1620) rimangono invece sedimentate tracce di misteriose e angoscianti leggende: gli angeli caduti hanno volti stravolti e occhi iniettati di sangue, ci sono serpenti, mostri di varia natura, pipistrelli e una vespa pronta a pungere. Il terrore dei ricchi olandesi di perdere le loro fortune assume la forma di un diavolo che strappa dal corpo di un uomo spaventato la trippa acquisita con tanta fatica. Sembra un film *splatter*.

Accanto a questo mondo alienato Rubens fa spazio a un mondo aristocratico estremamente sofisticato (*Alethea Talbot con i suoi operatori e Sir Dudley Carleton*, 1620), del quale è partecipe lo stesso artista, sia con la prima moglie, Isabella Brant, che dipinge nel 1609 e di cui rimane presto vedovo, sia con la seconda, Hélène Fourment, che sposa quando lei ha solo sedici anni. Quest'ultima è considerata dall'ambasciatore spagnolo nei Paesi Bassi la più bella donna delle Fiandre e forse è anche una delle più ricche.

Alla fine del 1621 Maria de' Medici, regina consorte del re Enrico IV di Francia, commissiona a Rubens un ciclo di ventiquattro tele per decorare il Palazzo del Lussemburgo a Parigi, sua residenza. La sovrana aveva cercato di mantenere la pace con l'impero asburgico e la potenza spagnola mediante matrimoni combinati dei suoi figli con il re di Spagna Filippo IV e con Anna d'Austria e concessioni politiche e finanziarie. Luigi XIII non apprezzò però la gestione della madre, assunse quindi la reggenza e la cacciò da Parigi, e solo nel 1620 i due si rappacificarono. L'obiettivo di questa commissione artistica – che il pittore realizza in quattro anni – è probabilmente quello di giustificare l'operato politico della donna. Tutta la serie, realizzata con pennellate ampie e toni freddi, è costruita con grande dovizia di particolari, dall'incarnato delle figure alle vesti preziose.

Mito e morale

L'attenzione di Rubens ai soggetti mitici e alle tradizioni antiche è esemplare nel dipinto *Diana e le sue ninfe in partenza per la caccia*, del 1615. L'iconografia della divinità è quella classica: aspetto fiero, quasi virile, un'arma tra le mani, capelli raccolti, una pelle di tigre attorno al corpo e un seno scoperto che ne amplifica l'animo guerriero.
Diana è la dea della caccia e della castità, spesso associata anche alla Luna, il cui simbolo compare, incastonato tra pietre preziose, sul diadema che il pittore le fa indossare. Essa è rivolta frontalmente verso l'osservatore ed è circondata da cani da caccia e ninfe, sue compagne di vita. Una di loro cerca disperatamente di respingere l'attacco di un satiro lussurioso: qui Rubens fa probabilmente riferimento alla lotta tra vizio e virtù, accostando l'esibizione sensuale di corpi femminili a un fondamento morale.

Narciso, il lusso orientale e i tulipani

Rembrandt Harmenszoon van Rijn (1606-1669) ha un nome parlante: è il figlio del mugnaio di Harmen, il cui mulino si trova sul Reno, in olandese Rijn. Appartiene alla generazione successiva a quella di Rubens, studia all'Università di Leida – la prima voluta dalla grande Riforma calvinista – e comincia la sua carriera da pittore indipendente nel 1625, prevalentemente con dipinti di carattere sacro che svelano l'influenza della scuola caravaggesca.

Giovanotto non privo di narcisismo, all'età di ventidue anni circa inizia a dedicarsi a uno dei suoi temi più famosi e sfruttati, di cui sarà, tra tutti i pittori seicenteschi (e non solo), il re: l'autoritratto. Vediamo il suo volto cambiare nel corso del tempo, seguire le mode dell'epoca (soprattutto per quanto riguarda un'infinita quantità di berretti), maturare, manifestare le emozioni e i turbamenti della vita. Nel periodo giovanile e della prima maturità gli autoritratti, spesso in pose ostentate, a volte bizzarri, altre volte quasi esibizionistici – come quelli con costumi storici o in armatura, per esempio –, sembrano sì una sorta di ossessione per la raffigurazione del sé, ma allo stesso tempo sono già testimonianze preziose dello studio intenso e costante che Rembrandt farà per tutto il suo percorso artistico intorno all'espressione e alla gestualità. Nelle rappresentazioni della maturità e della vecchiaia, infatti, il pittore rivela una grande capacità introspettiva: i suoi sguardi si fanno malinconici, pensierosi, seri, sempre più intimi.

Passione o ambizione?

Forse influenzato da un parente della moglie, Rembrandt si dedica con passione al collezionismo, anche oltre le sue possibilità economiche, motivo per cui finirà in bancarotta. Nel corso della sua vita acquista dipinti, disegni, calchi di busti di origine greca e romana. La sua raccolta comprende anche oggetti insoliti e di storia naturale – animali imbalsamati, minerali, conchiglie –, strumenti musicali e armi.

Molti di questi manufatti vengono inseriti persino nei suoi dipinti. Dietro questo hobby aristocratico si può forse vedere l'aspirazione del pittore olandese – figlio di un mugnaio – a uno *status* sociale più elevato, complice il matrimonio con Saskia van Uylenburgh, di origini benestanti e figlia del sindaco di Leeuwarden. Nonostante questo desiderio, Rembrandt non riuscirà a essere accettato del tutto dall'alta società, per via dei suoi modi bruschi e della scarsa attitudine al galateo e alle buone maniere.

Già nel 1629, accanto ai primi autoritratti, compaiono alcuni temi definitivi, come la tranquillità domestica accanto al fuoco di un anziano seduto in una scena di realismo perfetto (*Ritratto di vecchio dormiente*) e l'attrazione per il mondo esotico, fantastico e fascinoso. E questi due estremi curiosamente si confondono e si mescolano: in *Busto di vecchio con turbante* (1627-1628) l'anziano olandese che prima sonnecchiava al buio davanti al caminetto qui è in primo piano, illuminato da una luce soffusa, e indossa un copricapo turco. Lo spostamento, nel 1631, da Leda ad Amsterdam, città decisamente più ricca, gli fa dipingere gli stessi temi, ma in chiave molto più lussuosa: numerosi quadri raffigurano nobili «orientali» avvolti in stoffe preziose, con turbanti decorati da piume e gemme.

Diversamente da pittori a lui contemporanei o precedenti, Rembrandt non visiterà mai l'Italia, ma la conoscerà per vie traverse grazie al suo primo maestro, Jacob Isaaczoon van Swanenburg, che torna entusiasta da Roma nel 1617 dopo aver visto Caravaggio (artista che influenza molto gli olandesi), e, dieci anni dopo, tramite Pieter Lastman e Jacob Pynas, suoi colleghi di studio, anch'essi rapiti dalla bellezza della Città Eterna. Ecco quindi, alcuni temi cari alla cultura mediterranea italiana, come Flora, dea romana della primavera, ritratta più volte da Rembrandt. Nel 1634 a far da modella per il dipinto *Saskia in veste di Flora* è l'amata moglie – sposata proprio in quell'anno –, che indossa, curiosamente, un fastoso abito orientale. In quest'opera è presente anche un dettaglio olandese DOC: dalla ghirlanda fiorita che la giovane indossa sul capo pende un grande tulipano screziato, richiamo evidente alla passione per questo tipo di fiore tipica dei Paesi Bassi.

L'influenza caravaggesca è molto evidente, sia nell'impostazione della luce sia nel taglio teatrale, ne *L'accecamento di Sansone* (1636), opera dall'aria barocca nella quale alcuni dettagli, come le mani e i piedi dell'eroe biblico dalla forza sovraumana, rimangono drammaticamente realisti. La scena, violenta e tragica, è illuminata da un fascio di luce, elemento che, insieme al dolore del protagonista e all'espressività di Dalila che lo guarda beffarda, con un'aria di trionfo e disgusto e con in mano la sua chioma miracolosa, conferisce al dipinto un'enfasi da palcoscenico.

La nuda verità

In opposizione agli artisti rinascimentali Rembrandt sceglie di ritrarre i propri soggetti, uomini e donne della sua quotidianità, ma anche – e qui sta la particolarità – divinità della mitologia o personaggi biblici –, così come sono, senza idealizzarli, migliorarli o renderli perfetti.

Si va quindi da una florida e snobbissima borghesia avvolta in pizzi e velluti neri che non si vergogna mai del proprio fisico e dei propri difetti (come lo strabismo nel *Ritratto di donna*, opera del 1635 circa) a un erotismo domestico che rimane estremamente realista. Per esempio, *Susanna*, del 1636, è una giovane donna resa ancor più vulnerabile nella sua nudità dalla luce che il pittore le fa arrivare sul corpo e che sembra quasi enfatizzare il cedimento delle sue carni all'implacabile forza di gravità: si può notare persino il segno lasciatole sui polpacci dalle calze e un paio di comunissime ciabatte ai piedi.

Divinità con il doppio mento

Nel 1633 Rembrandt dipinge *Bellona*, la dea della guerra. La rappresentazione di questa antica figura mitica pare ispirarsi alla contemporaneità, come accade spesso nei suoi quadri. Lontana dalla classicità idealizzata, la divinità sembra un'olandese, una donna normale, di quelle che il pittore vede ogni giorno, e rispecchia lo spirito combattivo e la prontezza che hanno caratterizzato i nederlandesi durante la Guerra degli ottant'anni contro la Spagna. Le superfici scintillanti e i dettagli preziosi dell'armatura e del temibile scudo di Bellona raffigurante Medusa permettono a Rembrandt di dare sfoggio della sua abilità pittorica, mentre il viso della dea guerriera, morbido e con qualche «difetto», come il doppio mento e una piccola escoriazione, riportano la protagonista su un piano terreno, più che mitico.

Tra le modelle di Rembrandt, oltre all'adorata moglie Saskia, dalla quale ha quattro figli e che muore prematuramente nel 1642, troviamo anche Hendrickje Stoffels, una delle sue cameriere, con la quale condivide una figlia. Intorno al 1650 egli la ritrae quasi alla maniera impressionista: il suo sguardo è dolce e la scena nel suo complesso è domestica e intima, come richiama anche il gesto umile di chiudersi la vestaglia.

Nonostante Rembrandt invecchi, e ami comunque ritrarsi anche nella propria decadenza fino alla fine dei suoi giorni (in *Autoritratto come Zeusi* il maturo narciso persino ride!), non invecchiano né la sua pittura né la sua fantasia, come si può notare in *Giunone* (1662-1665 circa), che sembra già una tela ottocentesca, come se l'avesse realizzata Gustave Moreau, i cui quadri hanno colori vividi e forti e trattano temi analoghi a quelli del pittore olandese, del quale ha sicuramente subìto l'influenza. La *Giunone* rembrandtiana ha una posa trionfale; il prezioso diadema, l'acconciatura ricercata e gli abiti regali e carichi di dettagli pregiati la rendono molto simile a un'imperatrice.

Bibbia e giarrettiere

Una donna bellissima, nuda, dalla carnagione chiara e i lunghi capelli biondi, si sta facendo aiutare dalla servitù nella cura della sua persona. È Betsabea. L'osservatore del *Bagno di Betsabea* (1643), esattamente come la protagonista del dipinto, non riesce a vedere che sulla sinistra, da qualche parte nel buio dello sfondo, c'è il re d'Israele David, il quale alla vista di quel momento intimo si innamora immediatamente. Rembrandt dipinge la figura biblica di Betsabea, moglie di uno dei soldati del sovrano. Nonostante il soggetto religioso, il pittore decide di rischiare, e di donare a quell'episodio una sfumatura erotica, ponendo enfasi sul corpo, soggetto centrale della tela. Egli si concentra sulla resa realistica della figura femminile, che è ancor più veritiera grazie all'aggiunta di una curiosa particolarità: il segno lasciato da una giarrettiera, indumento intimo, sensuale, sicuramente non indossato all'epoca di Betsabea, sul polpaccio sinistro della giovane.
L'attenzione che ripone ai corpi reali delle donne è quindi massima, e questo dettaglio viene estremamente criticato dai fautori del Classicismo, i quali sostengono che le figure del mito e della religione debbano essere ideali e simili alle sculture classiche, ben lontane dalle donne vere di tutti i giorni che Rembrandt ammira e ritrae.

Rivoluzione realista e materica

Il realismo domestico, componente fondamentale dei quadri di Rembrandt e vera invenzione olandese, è una sorta di «reazione casalinga» al Barocco. Un po' di Barocco era rimasto, almeno nell'immaginario, in alcuni dipinti del Secolo d'oro, come nella *Scena del matrimonio di Messalina e Gaio Silio* (1645-1650 circa) di Nicolaus Knüpfer, dove la promiscuità, un banchetto sontuoso, la baldoria e la gozzoviglia fanno da protagonisti, ma si tratta di una critica ironica e forse un po' malinconica che non riesce a dimenticare la gioia di vivere del Manierismo ormai perduto. In un piccolo quadretto di Jan Steen del 1655-1660, invece, una donna si toglie le calze per prepararsi alla toilette e vediamo con precisione quanto l'elastico abbia inciso sulla ciccia del polpaccio: è iniziata la rivoluzione realista, la teatralità e il lusso del Barocco sono ormai un ricordo lontano.

Accanto a questa attenzione per la realtà, comune a tutti i pittori di quell'epoca, in Rembrandt, sin dall'inizio della sua carriera, è evidente il gusto per una materia pittorica fisica. Nel giovanile *Autoritratto con capelli scompigliati* (1628), per esempio, c'è un'idea precisa della luce e del suo utilizzo, oltre che una visione della realtà molto particolare: essa diventa materia plastica grazie a un uso sperimentale del pennello e della vernice, che esalta la definizione del disegno.

Tre anni dopo, complice anche una maggior esperienza, realizza un dipinto incredibile per la sua matericità: *Anziana donna che legge (probabilmente la profetessa Anna)*. La cura dei dettagli è estrema: il libro che tiene in mano la santa è vissuto, ma ciò che veramente colpisce sono le mani della donna, veritiere e «vive», con le loro grinze che denunciano i segni del tempo. Il realismo al suo culmine, dove la materia è pura.

In Rembrandt tutto diventa materia e umanità, come accade in un suo quadro famosissimo: *La ronda di notte* (1642). Qui il potere civile incontra il potere militare: il primo, rappresentato da un uomo vestito di nero e cinto da una stola rossa, ha un bastone e uno dei due guanti che pende elegantemente da una mano, e guarda in modo poetico il secondo, che indossa un abito giallo sgargiante e reca con sé un'arma. Ma ciò che colpisce, in mezzo a questo groviglio di figure in movimento, è che, del tutto inattese e illuminate con una luce potentissima, ci sono due figure femminili, una nascosta dall'altra, forse un po' spaventate. E, ancora una volta, il dettaglio curioso e quotidiano: una delle due ha un pollo morto alla cintura. Ecco quindi di nuovo i tratti caratteristici della visione pittorica dell'olandese: umanità, realismo, *pathos*, luce e materia.

Lo studio del vero e la visione descrittiva della realtà che lo circonda sono evidentissimi nella *Lezione di anatomia del dottor Nicolaes Tulp* (1632). L'anatomopatologo, ritratto sulla destra, illustra agli astanti, forse studenti o colleghi, il sistema muscolare del braccio di un cadavere suscitando curiosità e stupore. Se Rubens, esperto della «ciccia» rosa, avesse mai visto una carne così bianca e morta come è quella del dissezionato, sarebbe sicuramente svenuto. In netto contrasto con l'aspetto livido del defunto, Rembrandt pone le facce dei medici, che sono belle rubiconde, forse perché assuefatte al freddo invernale dei Paesi Bassi.

C'è una distanza enorme fra la realtà pragmatica del dottor Tulp e il sogno dipinto in *Saul e David* (1650-1670). Qui si entra in un mondo biblico che è quasi mitologico, dove Saul, con abiti che riprendono quelli dei primi ritratti giovanili «all'orientale», forse posseduto da uno spirito maligno che gli causa depressione e tristezza, viene curato dal dolce suono dell'arpa di David. Sorprendente l'attenzione psicologica ai personaggi: il re d'Israele, commosso, si asciuga le lacrime nel drappo di una tenda.

Terza generazione fiamminga

Rubens e Rembrandt sono due degli artisti fiamminghi più famosi, entrambi hanno avuto una grande impatto sull'arte della propria epoca e di quelle successive, ma i loro stili e approcci alla pittura sono differenti. In Rubens, artista borghese e raffinato diplomatico cosmopolita in giro per l'Europa, abbonda il colore e il senso di movimento; Rembrandt invece, di umili origini ma appassionato studioso e collezionista, audace e indipendente, sceglie di concentrarsi sulla vita quotidiana che lo circonda e di esplorare i sentimenti umani, la profondità delle figure che ritrae, puntando sul contrasto tra luce e ombra. Nonostante entrambi pongano una minuziosa attenzione per i dettagli è in Rembrandt che si vede la resa psicologica dei soggetti e una tensione verso ciò che è vero, contemporaneo, condivisibile.

Il contrasto tra i due sarebbe veramente troppo semplice. Ecco quindi che entra nel dibattito un altro pittore, uomo della terza generazione di fiamminghi: Jan Vermeer (1632-1675). Egli è la contraddizione di Rembrandt per quanto riguarda l'utilizzo della luce: nei suoi quadri essa proviene quasi sempre dall'esterno, anche quando viene dipinto un soggetto in interno. Per esempio, la *Ragazza con orecchino di perla* (1665-1667 circa) non è illuminata da una candela o da un fuoco, cioè da qualcosa che arde, ma dalla luce diafana che viene da fuori, dal sole del giorno. Al contrario, per Rembrandt è quasi sempre una questione di illuminazione interna.

Vermeer è forse la sintesi dell'opposizione Rubens-Rembrandt, perché riprende sì quel senso cristallino ed elegante che è proprio dell'eredità fiamminga, ma rispetto ai fiamminghi «antichi» fa suoi, in modo definitivo, due elementi: la normalità della vita domestica e la perfezione della riproduzione pittorica. Vermeer abbandona ogni fascinazione materica, cifra stilistica di Rembrandt, per andare alla ricerca di una resa fatta con un uso sapiente di pigmenti di colore, stesi con piccoli colpi di pennello che sembrano anticipare persino il Puntinismo di due secoli dopo. Le sue opere raffigurano vedute di interni (a volte esterni) e scene di vita quotidiana, e dietro alla loro apparente semplicità si cela spesso un significato morale.

Il realismo di Vermeer è portato quasi all'eccesso: mai il latte fu così latte, mai il pane fu così pane e mai un piccolo pezzo d'argento appeso a un muro della cucina fu così argenteo come ne *La Lattaia* (1658-1660 circa), un dipinto dal soggetto semplice e umile trasformato in uno dei suoi più grandi capolavori. Così come mai fu tanto casa e tanto mattone una dimora di una *Piccola strada di Delft* (1659-1661 circa), così incisiva da non credere che sia stata realizzata a metà del Seicento, ma da apparire quasi come in un racconto londinese di Dickens. Qui assistiamo a uno spaccato di vita quotidiana, dove una donna lavora all'uncinetto, una domestica fatica al lavatoio e alcuni bambini giocano sul marciapiede.

Consuetudine e tradizione si mescolano invece ne *La Lettera d'amore* (1669-1670 circa), una delle sue ultime opere: nella perfezione della composizione formale assomiglia incredibilmente a una di quelle Madonne che fecero grande la pittura fiamminga del Trecento e del Quattrocento, solo che qui tutto avviene in un ambiente intimo e domestico, dove la cameriera abbandona una cesta del bucato e la scopa per portare la missiva alla ricca padrona. E in basso, ma in primo piano, uno degli oggetti più comuni: le babbucce per stare in casa. Abbandonate lì per sbaglio oppure ennesimo indizio del desiderio di mostrare che lo straordinario spesso si nasconde nel semplicemente ordinario?

Referenze fotografiche

Mondadori Portfolio: tavole 2, 13, 15, 16 in basso, 17, 18, 20 in alto 23 in basso, 25 in alto, 26 in alto, per le tavole 1, 3 © Antonio Quattrone, 4, 5 © Fine Art Images, 12 in alto © Joseph Martin, 14, 23 in alto © Erich Lessing, 26 in basso © Lothar M.Peter;
Archivio Mondadori Electa: tavole 6, 7, 11 © Sergio Anelli, 8 in basso © Electa, 9 © Mauro Magliani;
per le tavole 8 in alto, 10 © Erich Lessing, 12 in basso, 16 in alto © Antonio Quattrone, 19 © Paolo e Federico Manusardi, 20 in basso, 21 in basso, 22 © Remo Bardazzi, 24 © Zeno Colantoni, 25 in basso © Marco Covi;
per le tavole 21 in alto, 27 in alto, 29 in alto, 30 The Metropolitan Museum of Art, New York;
per le tavole 27 in basso, 28, 31 National Gallery of Art, Washington DC;
per le tavole 29 in basso, 32 Rijksmuseum, Amsterdam

Indice

Questo libro è stampato fabbricato da Grafica Veneta S.p.A.
con un processo di stampa e rilegatura certificato 100% carbon neutral
in accordo con PAS 2060 BSI

Finito di stampare nel mese di luglio 2025
per conto di RCS MediaGroup S.p.A.
da Grafica Veneta S.p.A., Via Malcanton 2, Trebaseleghe (PD)
Printed in Italy